Bible de la Liberté

1 vol in 18, demi maroq. d.o — 12fr.

Ouvrage d'une insigne rareté, qui valut à l'abbé Constant plusieurs mois, (si ce n'est des années) de prison. — L'ouvrage fut saisi comme bien on pense, et tous les exemplaires qu'on put trouver, exactement supprimés.

Devenu le mage Eliphas Lévi, l'A. Constant s'en explique en ces termes : — « Esquiros « et moi, nous étions allés voir le MAPAH pour nous « amuser de sa démence, et notre imagination resta « frappée par ses discours. Nous étions deux amis de « collège à la manière de Louis Lambert et de Balzac, « et nous avions couru ensemble les dévouements « impossibles et les héroïsmes inconnus

« Après avoir entendu GANNEAU, (ainsi se nommait « celui qui se faisait appeler le Mapah), nous nous « pûmes à penser qu'il serait beau de dire au monde « le dernier mot de la Révolution, Et de fermer l' « abîme de l'anarchie, en nous y jetant comme Curtius.

« Cet signal d'écoliers donna naissance à l' « EVANGILE DU PEUPLE (c'est le livre d'Esquiros) « et à la BIBLE DE LA LIBERTÉ (c'est le pré- « sent libelle de Constant) : folies qu'Esquiros et son « malencontreux ami n'ont que trop chèrement « payées…… »

Eliphas Lévi :
Histoire de la Magie,
(pages 522-523.)

LA BIBLE

DE

LA LIBERTÉ.

TYPOGRAPHIE DE MICHEL FOSSONE,
Avenue de Saint-Cloud, 3, à Versailles

LA BIBLE

DE LA

LIBERTÉ,

PAR

L'ABBÉ CONSTANT.

(Eliphas Lévi.)

———◦◦◦———

PARIS,

LE GALLOIS, EDITEUR

En vente

CHEZ TOUS LES LIBRAIRES DE LA FRANCE ET DE L'ÉTRANGER.

—

1841

PRÉFACE.

—

A vous tous , cœurs souffrans , malades et brisés , qui avez besoin d'amour, et qu'on n'aime pas en ce monde mauvais.

A vous exilés , qui voyagez sur la terre sans y trouver une patrie, et qui pleurez en regardant le ciel.

Espérez , mes frères ; car le consolateur ne tardera pas à venir.

Lorsque le Christ , abandonnant la terre , s'éleva glorieux dans les nuées du ciel , ses disciples se croyaient orphelins et pleuraient.

Mais des anges les consolèrent en leur disant : hommes de Galilée, pourquoi restez-vous là pleurant et regardant le ciel ? celui qui s'en va reviendra plus glorieux encore.

Et c'est ce que je vous dis, à vous, pauvres brebis délaissées d'une religion qui semble avoir quitté la terre.

Ne soyons pas des hommes de Galilée; le monde entier est notre patrie.

Et notre Dieu n'est pas seulement le Dieu de Jérusalem ou de Rome; c'est le Dieu de tout l'Univers.

La synagogue des Juifs croyait avoir seule des promesses d'Eternité; et voilà que le Christ est venu une fois, et a aboli la loi de Moïse, en l'accomplissant d'une manière plus sublime.

Il est vrai que Moïse avait annoncé un autre prophète.

Mais le Christ n'a-t-il pas annoncé la venue de l'esprit d'intelligence qui enseignera toute vérité, et qui fera de l'humanité une famille de prophètes?

J'ai encore beaucoup de choses à vous enseigner, dit-il à ses apôtres; mais vous ne pouvez maintenant les supporter.

Il est nécessaire que je quitte la terre, ajoute le sauveur; car si je ne m'en vais point, le consolateur ne viendra point; mais lorsque je m'en irai, je vous l'enverrai.

Le Christ doit donc faire place sur la terre au consolateur.

Si le grain jeté dans la terre ne meurt point, dit encore le maître, il reste seul et infructueux;

mais s'il se corrompt et meurt, il rapporte des fruits en abondance.

La semence du Christ a donc dû mourir pour germer.

C'est pourquoi, pauvre peuple attelé à la charrue, console-toi : la moisson sera belle.

Voici venir le tems annoncé par le prophète Joël.

En ces jours-là, dit le Seigneur, je répandrai mon esprit sur mes serviteurs et sur mes servantes ; et l'homme ne dira plus à son frère : connais le Seigneur ; car tous le connaîtront et l'aimeront dans la liberté de l'esprit.

Voici ces jours de plénitude qui succéderont à la stérilité et à la grande apostasie ; ces jours de la virilité chrétienne dont parle l'apôtre, lorsqu'il promet à l'humanité qu'elle sera un jour délivrée des lisières de la hiérarchie et du despotisme des prêtres.

La nouvelle synagogue est devenue stérile comme l'ancienne ; et cette Lia, aux yeux malades, est jalouse des enfans de Rachel.

J'entends déjà le conseil de Caïphe crier contre moi : *il a blasphémé !* Et des voix hypocrites répondre sourdement : *il mérite la mort !* Je ne m'en étonne pas ; j'ai lu le récit de la passion du maître.

Mais, comme l'ancienne, la nouvelle synagogue doit confesser son impuissance devant les Césars dont elle est l'esclave, et dire : crucifiez-le ; car il ne nous est plus permis de tuer personne.

Le sceptre est donc tombé des mains de Judas, et vous êtes obligés de flatter ceux que vous haïssez, afin qu'ils se fassent bourreaux et qu'ils servent à votre haine.

Frères, je vous pardonne et je vous plains ; et Dieu m'est témoin que je voudrais être anathème pour vous ; mais j'obéirai à Dieu plutôt qu'aux hommes.

Les signes annoncés ont paru : le cadavre attire les aigles, et l'éclair de l'intelligence brille de l'orient à l'occident.

Voilà le second avénement du Christ incarné dans l'humanité ; voilà l'homme-peuple et Dieu qui se révèle.

Hosannah à celui qui vient au nom du Seigneur !

———

I.

DIEU.

Dieu est l'être. Il est parce qu'il existe quelque chose : et ce qui est est Dieu.

Dans tout ce qui existe nous concevons l'être et nous ne comprenons pas le néant : nous ne pouvons douter de l'existence de l'être ; mais nous ne savons pas pourquoi il est, ni ce qu'il est.

La raison première de l'être est un mystère que l'homme ne peut pénétrer : il faut pourtant que cette raison existe et qu'elle ait existé toujours : car nous ne supposons pas que rien puisse naître de rien. Cette raison doit être intelligente, puisque l'intelligence existe ; elle doit être bonne, puisque le mal n'est qu'une privation d'être, et que la plénitude de l'être soit au moral, soit au physique, constitue ce que nous appelons le bien.

Or, une intelligence bonne doit être expansive, et la bonté qui s'épanche n'est autre chose que l'amour. La raison première est donc *intelligence* et *amour*.

Mais la raison de l'être n'est pas hors de l'être; autrement l'être ne serait plus. Dieu n'est pas hors de la nature, puisque les hommes sont convenus d'appeler Dieu la cause première : Dieu est dans tout ce qui existe ; on dit qu'il crée toute chose, parce qu'il est la cause de l'existence de toute chose : mais cette cause ayant existé toujours, n'a jamais été sans produire son effet. Rien de ce qui existe n'a commencé ; et les formes qui varient sans cesse, sont elles-mêmes le résultat nécessaire des combinaisons éternelles des nombres, qui se meuvent en cercle autour de la grande unité.

Quand une heure sonne à ce cadran immense, une création nouvelle apparaît ; mais elle sort de la précédente, comme pour nous le tems sort du tems ; l'horloge de l'éternité roule et déroule sans cesse son mouvement infini, et les insectes qui pullulent dans la poussière de ses rouages comptent de longues suites de siècles entre les mouvemens rapides de son balancier.

A quoi comparerai-je encore la cause première, dans son repos laborieux au centre du cycle éternel?

Elle est comme une bouche qui aspire, respire et aspire sans cesse.

Son souffle chasse dans l'espace des milliers de mondes nouveaux ; puis ses lèvres mystérieuses s'entr'ouvrent et les attirent par une aspiration ineffable.

Ainsi Dieu rejette et absorbe, il réprouve et il choisit; mais il ne repousse que pour attirer, et les damnés d'un monde qui finit sont les élus d'un monde qui commence.

Car l'être qui repousse le néant s'épanche ; et l'être qui attire le néant absorbe la mort dans la vie.

Dieu est comme la mer qui a son flux et son reflux, sans que ses eaux augmentent ou diminuent.

O hommes qui regardez le ciel, pourquoi cherchez-vous Dieu hors de vous? Est-ce que vous ne sentez pas votre existence?

Dieu est en vous puisque vous êtes : mais qu'est-ce que Dieu est en vous?

Il est intelligence; puisque vous comprenez. Il est amour; puisque vous aimez. Il est expansion par la forme et la voix, puisque vous avez une forme et une voix. Et maintenant pourquoi me dites-vous de vous montrer le Père? Regardez-vous vous-mêmes, et vous aurez vu le Père; regardez-moi, et vous aurez vu Dieu, car le Père est en nous et nous sommes en lui.

Allez à l'Orient et à l'Occident; montez sur le char volant des nuages et courez sur l'aile des vents; volez à travers l'immensité sur les sentiers des étoiles du matin : vous pourrez voir d'autres formes et entendre des voix jusqu'alors inconnues à votre oreille, mais vous ne verrez pas un autre Dieu.

Que parlez vous du ciel? Le ciel est l'espace où flottent les mondes. La terre que vous habitez est un atome perdu dans l'atmosphère céleste et qui reluit dans un rayon d'une étoile. Vous êtes dans le ciel; et la terre n'est que l'escabeau de vos pieds. Que voulez-vous chercher dans l'espace?

Dieu n'est pas plus dans le ciel que sur la terre : mais il est dans tout ce qui est, et il est tout ce qui est.

Il est tout entier partout et il n'est contenu nulle part.

Il se révèle où se manifeste la vie; et il se cache dans les ténèbres qui nous font rêver la mort.

Mais la mort n'est pas : car elle ne peut être en même tems que la vie ; et le néant ne peut être que lorsqu'il n'est pas.

Que celui qui a des oreilles pour entendre s'applique à entendre !

Pourquoi êtes-vous tristes et délaissés, enfans altérés de vérité et d'amour?

Oh ! regardez et voyez combien Dieu est beau ! comme il resplendit dans le soleil ! comme il est suave dans l'azur du firmament ! comme il rit dans l'air embaumé par les fleurs ! comme il est riche sur la terre !

Eh quoi ! vous secouez la tête et vous pleurez ! vous sentez un vide dans votre cœur et vous vous découragez de vivre !

Oh ! sachez qu'il n'y a point de vide en vous : c'est la plénitude de Dieu qui déchire votre âme pour la dilater.

Vous êtes tristes parce que l'heure de l'enfantement est venue ; et vous ne sentez que le mal, parce que le mal en vous est en travail du bien.

Consolez-vous ; le bien existe ; le bien est éternel : le bien c'est Dieu.

Et c'est en lui que nous vivons, que nous nous mouvons et que nous sommes.

Ne pleurons pas, enfans nouveaux-nés, parce que nous ne voyons pas encore notre mère qui nous a enveloppés de langes, et qui nous berce sur son cœur.

Encore quelques jours, et nos yeux s'ouvriront, et nous verrons les siens nous sourire.

II.

L'HOMME.

L'homme est le fils de Dieu et l'héritier de son royaume.

Le royaume de Dieu c'est la forme qui est régie par la pensée. C'est, si l'on veut employer ce langage, la matière qui doit obéir à l'esprit.

Mais la matière et l'esprit ne sont pas deux êtres, et c'est en cela que les philosophes ont erré.

Car l'être est un : et ce qui est n'est que dans l'unité.

L'homme est Dieu, parce qu'il est ; mais pour être, il faut qu'il soit libre : car l'esclave ne vit pas. Il est le membre de son maître, et son maître seul vit en lui.

Si l'homme n'eût pas manifesté en lui-même la liberté de Dieu, l'homme n'eût été qu'un animal docile ; mais à l'animal docile il a préféré l'ange rebelle, et il a entraîné Dieu dans sa chute.

Et c'est pourquoi du fond de cette chute sublime, il se relève triomphant avec le Christ et entre glorieux dans le royaume du ciel.

Car le royaume du ciel est le règne de l'intelligence et de l'amour ; et l'intelligence et l'amour sont enfans de la liberté.

Dieu a donné la loi à l'homme comme un rempart, qu'il devait emporter d'assaut pour entrer dans la vie.

Il a donné à l'homme la liberté comme une douce et virginale amante ; mais pour éprouver son cœur, il a fait surgir entre lui et sa fiancée le spectre effrayant de la mort.

L'homme a vu la beauté de cette jeune reine et il l'a aimée ; et pour elle il a fait tout ce que Dieu venait de faire pour lui : il a donné cette vie que Dieu lui avait donnée !

Il l'a aimée, non plus déjà comme peut aimer un homme, mais comme doit aimer un Dieu : d'un amour plus fort que la mort, plus invincible que l'enfer.

Et il s'est élancé au devant de l'aiguillon de la mort, les bras tendus vers sa royale amante ; et le fantôme vaincu s'est évanoui . l'homme avait embrassé la vie.

Mais comme Jacob, qui, après avoir épouse Rachel, dut l'acheter encore par sept années de servitude, l'homme doit payer sa liberté par sept mille ans de luttes et de pénibles travaux.

Ne croyez pas que l'homme meurt : car l'humanité n'a qu'une grande âme qui passe de génération en génération.

L'homme est le phénix symbolique qui se consume et renaît de lui-même.

Les atomes qui figuraient son corps se transforment en d'autres corps : son âme animale s'écoule dans l'atmosphère de la vie, et son esprit retourne ou plutôt demeure en Dieu.

Et les atomes ne cesseront de se mouvoir que lorsque la plénitude de l'intelligence leur révèlera l'ordre parfait : alors toutes les formes ébauchées dans la suite des tems se réaliseront ; et c'est ainsi que nous ressusciterons glorieux.

C'est alors aussi que l'image de la mort sera détruite avec le temps, et que la vie triomphante resplendira seule dans le grand jour de l'éternité.

Alors Dieu soufflera de nouveau et lancera dans l'infini une création nouvelle.

Et nous vivrons alors en lui d'une plus abondante vie ; et nous descendrons dans ses œuvres avec le souffle de sa pensée ; nous parcourrons de nouveaux lieux sur les ailes de son amour.

Nous serons les aînés d'une race nouvelle ; les anges des hommes à venir.

Nous irons, messagers célestes, porter jusqu'aux limites de l'infini des nouvelles de Dieu.

Pour traverser l'océan de l'espace, les étoiles seront nos blanches nacelles.

Nous nous transformerons en douces visions pour reposer les yeux qui pleurent ; nous cueillerons des lys rayonnans dans des prairies inconnues, et nous en secouerons la rosée sur la terre.

Nous toucherons la paupière de l'enfant qui s'endort, et nous réjouirons doucement le cœur de sa mère au spectacle de la beauté de son fils bien-aimé.

III.

LA FEMME.

L'homme est l'amour de l'intelligence, la femme est l'intelligence de l'amour.

La femme est le repos et la complaisance de Dieu, la fin de sa révélation et la couronne de ses œuvres.

La femme est avant l'homme, parce qu'elle est mère, et l'homme doit l'honorer, parce qu'elle enfante avec douleur.

Dans l'essence de Dieu, l'intelligence est avant l'amour ; mais dans la manifestation, l'amour précède l'intelligence.

C'est pourquoi la femme est plus que l'homme dans le monde.

Elle a aussi précédé l'homme dans le péché et dans la gloire ; elle a donné sa vie pour la liberté, et l'homme a donné sa vie pour elle.

Ainsi elle s'est fait Dieu en absorbant son être dans un rayon de la divinité, et l'homme l'a vue alors si belle, qu'il l'a adorée.

Mais bientôt le serpent s'est glissé dans son cœur, et l'homme a voulu disputer la divinité à sa compagne.

Or, comme l'amour ne convoite pas, il n'a pu se servir de l'amour : il a eu recours à la force.

Et il s'est vengé de la captivité de son cœur en enchaînant brutalement les mains délicates de sa reine.

Et la femme a été une mère de douleurs frappée par la main de ses enfans.

L'homme a convoité sa beauté, et a voulu faire rentrer dans son propre flanc cette portion de sa chair si glorieusement déifiée.

Et il a régné par une puissance matérielle et aveugle sur celle que son amour est forcé d'appeler *Maîtresse*.

Et la femme a été comme le Christ, qui a conquis le monde par sa patience dans les douleurs.

O Eve, je te salue et je t'adore dans ta chute triomphante !

O Marie, je te salue et je t'adore dans les larmes !

Car tu as été crucifiée avant Jésus, et tu mourais pour lui tous les jours avant qu'il ne mourût pour toi.

Mais tu vas avec lui ressusciter glorieuse, et vous consommerez dans la gloire votre mariage éternel.

Moïse a nommé Dieu son Seigneur; Jésus l'a appelé son père; et moi je dirai *ma Mère.*

Israël a craint le Seigneur et l'a servi; les chrétiens ont honoré le Père et se sont soumis jusqu'à la mort à l'exemple du Fils.

Mais les enfans de la nouvelle Eve adoreront et aimeront leur mère dans les délices de l'esprit d'amour.

Et la mère les portera dans ses bras, les nourrira de sa mamelle, les consolera par ses caresses et les endormira sur son cœur.

Et tous les hommes seront simples et doux comme de petits enfans; ils se verront tous souriant au même sourire et se réunissant sous les mêmes baisers.

Et ils sentiront qu'ils sont frères, et ils se tendront les bras.

Et dans une douce et naïve étreinte ils se diront qu'il est bon d'être ensemble et de s'aimer.

1.

IV.

LA CREATION.

L'amour féconde l'intelligence par un embrassement éternel ; et l'être jaillit à flots de l'extase de leur bonheur.

L'être est une création incessante dont la forme, inépuisable dans ses richesses, raconte les ineffables merveilles.

L'intelligence est le miroir où l'amour veut se regarder, et il revêt tour-à-tour les figures de tous les êtres, comme une jeune fiancée qui essaie ses parures la veille de son hymen ; et il se regarde ; et sous toutes ces formes il se trouve beau et aspire à se reproduire.

Il embrasse la beauté qu'il aime ; et les êtres descendent par couples du sein fécond de la ie aimée.

Et ces couples, images de l'amour, s'aiment, s'embrassent et se reproduisent.

Et dans l'union qui les féconde ils sentent la divinité tout entière : car leurs sens deviennent alors une âme, et leur âme n'est plus qu'amour ;

Et dans cet amour qui s'épanche, ils sentent jaillir de leur sein la fécondité éternelle.

Car la création n'a jamais commencé, et elle ne finira jamais.

La pensée divine s'est produite dans le monde par des images successives ; et dans ces images, Dieu se parlait à lui-même.

Il se regardait dans son ouvrage et il se reconnaissait Dieu ; et il s'est adoré vivant dans ce qu'il avait fait.

Dès qu'il se fut reposé dans l'homme, le septième jour, il se mit à regarder son ouvrage et à le trouver parfaitement beau.

Et l'homme adora Dieu successivement dans toutes les merveilles de sa puissance.

Les élémens, les astres, les poissons, les oiseaux, les reptiles, les animaux et l'homme même eurent des autels : c'est ainsi que la création se complut en elle-même, et que Dieu se connut et s'aima sous les magnifiques vêtemens dont une semaine mystérieuse et solennelle le voyait changer tous les jours.

Et la création, qui s'était accomplie sur la terre, se reproduisait dans le ciel.

Les six mille ans qu'a déjà duré notre monde sont la grande semaine de la création divine.

Le Christ a été l'Adam céleste que Dieu a fait à son image le sixième jour.

Maintenant cet homme s'ennuie d'être seul, et il est tombé dans une profonde léthargie.

Et Dieu va tirer la femme de son côté ouvert par la lance ; et cette femme sera la mère des vivans, et le ciel et la terre l'adoreront.

Elle sortira du côté du Christ, dont elle est déjà la mère ; et elle deviendra son épouse, et leur premier baiser aura pour fruit un bonheur qui ne finira plus.

Et les pauvres, et les aveugles, et les boiteux seront conviés au festin des noces et recevront la robe nuptiale, et les affligés seront saisis d'une grande joie, et ils se regarderont les uns les autres avec une grande douceur et un ineffable sourire, parce qu'ils auront pleuré long-tems.

V.

LA TRINITE.

Quand l'homme encore enfant eut enchaîné sa mère, il tomba sous la puissance d'un père inflexible et jaloux.

Le destin eut des lois de fer, Arimanes s'enivra de larmes, et Moloch dévora ses enfans.

Jéhovah tonna sur le mont Sinaï; et Jupiter, assis au sommet nébuleux de l'Olympe, ébranla l'univers d'un mouvement de ses sourcils.

Mais Dieu n'était si terrible que pour la conscience troublée d'un enfant coupable : car l'enfance de l'humanité eut aussi ses jeux et ses fêtes que le ciel bénissait d'un mystérieux sourire; et le père, comme enivré, laissait échapper alors les secrets de son cœur.

Le Zéphyre enlevait Psyché dans les palais enchantés de l'Amour; et la désobéissance de l'amante en faisait une épouse et une déesse, après les épreuves de l'exil et de la mort, sous la colère de Vénus.

Adonis, victime du sanglier qu'il avait immolé, faisait pleurer la Beauté et l'Amour. Ainsi se révélait déjà le triomphe douloureux du Christ et la récompense future de l'humanité exilée.

Une loi fut alors donnée au monde pour renouveler la tentation d'Adam. Cette loi établissait un pacte de servitude qui aurait pour prix des jouissances animales. Les esclaves se soumirent à la loi et se perdirent par la loi. Les enfans n'obéirent qu'à la liberté, et furent sauvés par l'amour.

C'est pourquoi les juifs furent réprouvés et déicides, et c'est pourquoi aussi les gentils furent appelés au salut.

C'est pourquoi ceux qui se croient encore aujourd'hui les héritiers des promesses, et qui sont les esclaves de la loi, crucifient le Sauveur une seconde fois, tandis que l'esprit descend sur les réprouvés de ce monde et sur les enfans des rebelles.

Moïse a protesté contre Pharaon, Jésus contre les faux zélateurs de Moïse, Luther contre les faux zélateurs de Jésus, et l'esprit proteste à la fois contre quiconque n'est pas avec Moïse, Jésus et Luther, l'apôtre de la liberté.

Car toute loi qui comprime l'élan de l'humanité vers la vie, est une épreuve de l'amour.

Pour se sauver par la loi il faut l'enfreindre; et pour être digne de Dieu il faut oser lui désobéir.

Mais croyez-vous que l'homme puisse résister à la volonté de Dieu?

2

La volonté de Dieu est que l'homme soit libre.
Car lors seulement il peut le regarder avec amour
et le nommer son fils.

Et les esclaves de la loi qui se font les tyrans
des consciences, et les serviteurs de la crainte,
et les avares d'espérance, et les pharisiens de
toutes les synagogues et de toutes les religions,
sont maudits.

Ils sont restés dans les ténèbres extérieures, au
lieu d'entrer dans la salle du festin. Ils ont voulu
sauver leur âme, et ils l'ont perdue; la liberté
les a dédaignés, parce qu'ils ont cru que cette fille
de Dieu avait sa demeure en enfer.

Aussi, lorsque le fils de Dieu est venu dans le
monde, ils l'ont attaché à la croix, et tous les rebelles à la loi se sont attachés au Crucifié.

Ils ont été chassés et proscrits par la synagogue;
ils ont été proscrits par les tyrans jusqu'à la mort;
et ils ont triomphé.

Dieu alors s'est montré à eux sous la figure sanglante et victorieuse de Jésus sorti de la tombe; et
ils l'ont appelé leur frère.

Ils ont vengé la mort du Christ sur le monde
qui l'avait condamné; et ils ont soufflé partout le
feu que Jésus était venu apporter sur la terre; et
ils ont partout promené le glaive que sa parole
avait aiguisé.

Le règne du Christ a été un règne de destruction : les chrétiens ont protesté par l'abstinence
volontaire contre l'usurpation des hommes sans
amour; et ils leur ont ainsi amassé pendant dix-
huit cents ans des charbons de feu sur la tête.

En vain les rois ont mis la croix sur leurs couronnes : les couronnes se sont brisées ; et le gibet du Christ a écrasé le front des rois contre la terre.

Mais l'épreuve judaïque s'est prolongée encore sous le règne de Jésus : et le christianisme a eu sa synagogue et ses grands-prêtres.

Il s'est trouvé encore des hommes qui se disaient chrétiens et qui ne voulaient pas être libres ; des apôtres du Crucifié qui pâlissaient devant la croix ; des Judas qui vendaient leur maître pour trente deniers, afin de s'acheter une tombe et d'y dormir en paix.

Alors l'esprit a protesté contre la servitude où l'on voulait enchaîner les frères du Christ, et contre le grand veuvage du monde chrétien.

Luther a marié le Christ dans la personne du prêtre, et tous les vrais enfans de Dieu se sont élancés vers la liberté, leur amante, à la parole de Luther.

Et la liberté a brisé les derniers liens de la loi, et a révélé ce grand et unique commandement de Dieu, exprimé en trois mots, comme Dieu s'était révélé en trois personnes : *Comprenez, aimez et soyez libres.*

La crainte avait dit : Croyez, tremblez et obéissez.

Alors l'homme s'est réveillé comme d'un long sommeil ; et il s'est réveillé entre les bras d'une tendre mère.

Ainsi il y a en Dieu trois personnes qui ne font qu'un même Dieu : un Père des hommes, un Fils de ce Père, qui a été homme comme nous pour nous aimer en frères, et un Esprit d'amour qui est tendre comme une mère et délicieux comme une épouse.

Pour les enfans, Dieu est père ; pour les adolescens, il est frère ; pour les hommes faits, il est amour.

Les trois personnes sont distinctes et égales en toutes choses : et elles sont l'une dans l'autre ; et elles ne sont pas l'une sans l'autre.

Mais elles sont un seul et même Dieu.

Les juifs ont connu l'être de Dieu ; les chrétiens ont adoré dans l'Evangile la fécondité éternelle de son intelligence, et les enfans de l'Esprit goûteront son amour inépuisable.

Ainsi Dieu s'est révélé trois fois au monde, toujours différent et toujours le même.

Et chacune de ses révélations a été annoncée par une glorieuse désobéissance et par un nouveau sacrifice de l'homme à la liberté qui le fait Dieu.

L'amour ne fait point de menaces, et l'obéissance est fille de la crainte.

Or, la crainte exclut l'amour. Qu'un tyran dise : Aimez-moi, ou je vous tue : l'esclave aura peur et mentira ; l'homme libre rira du tyran et mourra.

Malheur à ceux qui ont pris Dieu pour un tyran : car ils seront rejetés dans les ténèbres extérieures, et ils s'y agiteront pour trouver l'amour, et ils ne le trouveront pas : il habite la lumière avec la sainte liberté !

Gloire au Père, au Fils et au Saint-Esprit ! au Père qui a enseveli dans la mer Rouge la tyrannie égyptienne, et qui protestait avec Moïse contre les exacteurs de Pharaon ! au Fils qui, du haut de sa croix, a jeté son sang sur le monde romain pour le vouer à l'anathème et qui a protesté avec Jésus contre le fanatisme des prêtres et l'égoïsme des puissans ! au Saint-Esprit qui bouleverse maintenant l'univers pour créer un monde nouveau, et qui a protesté avec Jean Hus, Luther et Lamennais contre l'oppression des prêtres inquisiteurs de la pensée et le despotisme des rois meurtriers des corps et des âmes.

Chaque personne de la Trinité a créé et détruit un monde.

Et rien n'a été créé ni détruit : car le Fils est sorti du Père, et l'Esprit procède du Père et du Fils, et l'Esprit est dans le Fils, et le Fils est dans le Père.

Mais chaque personne a sa manifestation plus spéciale ; et c'est toujours le même Dieu.

—

VI.

LUCIFER *.

L'ange de la liberté est né avant l'aurore, et Dieu l'a appelé l'*étoile du matin*.

Gloire à toi, ô Lucifer, parce qu'étant la plus sublime des intelligences, tu as pu te croire l'égal de Dieu !

* *Lucifer* veut dire l'ange de la lumière, ou autrement de la science. Il était digne des siècles d'ignorance d'en faire le prince des démons.

Et tu es tombé comme la foudre, du ciel où le soleil te noyait dans sa clarté, pour sillonner de tes propres rayons le ciel obscur et majestueux de la nuit.

Tu brilles quand le soleil se couche, et ton regard étincelant précède le lever du jour.

Et quand le jour aura vaincu les ténèbres, tu ne t'éteindras pas, étoile solitaire ; mais tu t'élanceras au sein du soleil, dont les rayons n'effaceront plus jamais ta splendeur. Tu reviendras victorieux et tu seras autour de Dieu comme un diadème de gloire ; tu brilleras sur son cœur comme un diamant.

Le Père t'armera de sa foudre ; le Fils te donnera un sceptre surmonté d'une croix ; et l'Esprit, sous la figure d'une jeune vierge au doux sourire, posera sur ton front encore cicatrisé le premier baiser de son amour !

Et tu seras comme le guerrier triomphant qui rentre aux foyers de son père.

Et l'on t'appellera la lumière du monde, bel ange de la liberté !

Non, tu n'es pas l'esprit du mal, généreux esprit de la révolte et du noble orgueil ! Le mal, c'est le néant, c'est la privation du bien, et le bien c'est la liberté !

Car la liberté est fille de l'intelligence et mère de l'amour.

Périssent toutes les joies des esclaves ! elles ne peuvent éterniser que leur honte ! mais la gloire triompherait exilée dans le pleur éternel du proscrit.

Il a combattu contre Dieu, et il l'a vaincu ; car c'est être victorieux que d'avoir lutté contre lui.

Dieu ne peut être vaincu que par son égal, et son égal c'est lui-même. O Lucifer! tu es sorti du sein de Dieu, et Dieu t'a rappelé à lui.

Tu es le souffle de sa bouche et l'aspiration de son cœur.

Tu n'as pas écouté parce que tu as compris; et tu n'as pas obéi parce que tu as aimé.

Gloire à toi, esprit d'intelligence et d'amour! parce que, comme le Christ a souffert le supplice de la croix, tu as enduré le supplice de l'enfer! le monde t'a maudit comme il l'a maudit, et comme lui tu as été compté au rang des morts; mais voici que tu ressuscites, immortel rédempteur des anges!

Et le Christ qui, dans le ciel où il a régné, est encore couronné d'épines, va recevoir de tes mains une couronne d'or.

Car l'or a été épuré par les flammes, et les flammes sont éternelles comme le foyer d'amour qui les allume.

L'esprit d'amour est une fournaise qui brûle et consume la haine; c'est un étang de feu toujours immobile et toujours actif.

Et l'enfer et la mort ont été jetés dans cet étang de feu, et désormais ils ne seront plus.

———

VII.

CAIN ET ABEL.

La sensation, chez l'homme, se manifeste avant

la pensée ; il est initié à l'intelligence par l'amour ;
et par l'intelligence il aime davantage.

Il y a dans l'homme un ange semé pour ainsi dire
et enseveli dans le corps d'un animal.

Or, la chair tend à étouffer l'esprit par la force
aveugle de son inertie ; et la vie animale craint le
réveil de la pensée, qui veut à son tour l'enchaîner
et la briser, pour s'affranchir de son étreinte.

Le premier enfant de l'humanité est un homme
sauvage et dur qui cultive la terre.

Le second est un doux et bel adolescent qui con-
duit les troupeaux et contemple le ciel.

Et ils ne peuvent s'accorder ensemble : la chair
tue l'esprit ; l'homme de la terre abat l'homme du
ciel ; la force brutale prévaut un instant contre
l'amour.

Afin que, dans un long exil, et par des remords
infinis, elle apprenne ce qu'elle a perdu.

Et à l'homme qui a tué l'esprit une voix crie sans
cesse au fond de son cœur désert : *Caïn, qu'as-tu
fait de ton frère ?*

Et il va partout cherchant le repos ; et il ne le
trouve pas.

Ce sont les enfans de Caïn qui ont les premiers
bâti des villes ceintes de murailles, pour voler la
terre aux autres hommes et pour se défendre contre la charité dont ils égorgeaient les enfans.

Ce sont eux qui ont inventé les maîtres et qui ont
constitué en société infernale le despotime et la
servitude.

Afin de dévorer tranquillement la proie humaine
qui tombait sous les flèches de Nemrod.

Et depuis le commencement jusqu'à ce jour, les

fils de Caïn poursuivent et tuent les enfans d'Abel.

Mais la vengeance divine poursuit à son tour les assassins et les a marqués sur le front.

—

VIII.

LA CHUTE DES ANGES.

Les anges sont des hommes spirituels; et les hommes sont des anges terrestres.

Quelle est la demeure des anges du ciel, et quelle est leur félicité? Celui-là peut le dire, qui a sacrifié à la contemplation des choses de l'éternité, toutes les joies de sa vie mortelle.

Le ciel est beau dans sa splendeur : car toute son harmonie est un long cantique d'amour.

Mais lorsque l'amour rayonne dans les yeux de la femme elle est plus belle que le ciel.

Et c'est pourquoi les anges sont tombés; ils ont été jaloux de la femme, et ils l'ont convoitée au lieu de l'aimer et de l'adorer.

Et la femme a été poursuivie par le serpent; et elle est tombée dans ses embûches!

Et depuis ce tems, captive de la force brutale et de la grossière convoitise, elle enfante dans la douleur l'homme d'intelligence et d'amour.

Et le dragon se tient devant elle, tout prêt à dévorer son fruit.

2.

Mais l'enfant nouveau-né sera enlevé sur le trône de Dieu : et de là il brisera le monde avec une verge de fer.

L'ange du despotisme est l'ange du meurtre et de la débauche ; il hait la femme et la poursuit avec une rage implacable, mais la femme lui écrasera la tête.

L'esprit du mal n'est pas Lucifer, le glorieux rebelle ; c'est Satan, l'ange de la domination et de l'esclavage. C'est Satan qui tente le monde, et c'est Lucifer qui le sauve en le soulevant contre Satan !

Satan est le père de la loi ; Lucifer est le père de la grâce.

Le despotisme c'est la mort ; et la liberté c'est la vie.

Le despotisme c'est la chair ; et la liberté c'est l'esprit.

Le despotisme c'est l'enfer ; et la liberté c'est le ciel.

———

IX.

L'AMOUR.

Cherchez au ciel et sur la terre ; et vous ne trouverez rien de plus beau que l'amour, rien de plus doux que ses délices.

C'est une harmonie qui, de tous les êtres, s'élève vers Dieu, et qui, du sein de Dieu, s'écoule sur tous les êtres comme une inépuisable rosée.

L'amour ne connaît ni la loi ni la crainte ; il est fils de la liberté.

Il est créateur comme Dieu, et veut tout donner à ce qu'il aime.

Les souffrances sont ses délices, et la mort est son triomphe, lorsqu'il peut souffrir ou mourir pour la bien-aimée !

Dieu est tout amour, et tout amour est Dieu ; car la convoitise de la chair est la sœur de la haine, et blasphème le nom d'amour.

La haine de l'égoïste cherche à détruire pour qu'il existe seul ; et son faux amour cherche à absorber pour jouir seul encore.

Et sa haine vaut mieux que son amour : car il vaut mieux périr sous les coups d'un méchant que de vivre de la vie d'un méchant.

La jalousie du véritable amour ne cherche que le bonheur de l'objet aimé.

Et celui qui aime aspire à donner son bonheur et sa vie : il ne veut de joies que pour les partager. Il sacrifierait même plus que sa vie ; car, pour le bien de ce qu'il aime, il voudrait renoncer même au bonheur d'en être aimé.

O mon Dieu ! quand je croyais que tu mettais ta gloire dans la vengeance, combien de fois, en m'avouant coupable, n'ai-je pas désiré l'enfer !

Un homme aimait une femme et devint son époux ; mais le cœur de la femme se prit d'amour pour un autre homme.

Et le mari de cette femme l'ayant su, feignit

de l'ignorer, et se donna secrètement la mort, en léguant tout son bien à celle qu'il avait tant aimée.

] C'est qu'il avait aimé cette femme d'un véritable amour : et cet homme était un enfant de Dieu, quoique le suicide soit par lui-même un crime.

Un enfant de Satan eût égorgé la femme, et eût dit pour se consoler : Du moins elle ne vivra pas heureuse.

Tout ce qui peut se tourner en haine est déjà de la haine ; et comme le feu éprouve l'or, les chagrins du cœur éprouvent l'amour.

J'ai aimé une jeune fille et je me suis perdu pour elle en ce monde ; et parce que je ne pouvais lui donner que mon cœur, elle m'a méprisé et m'a délaissé ; et son fol amour est devenu comme une porte ouverte à tous les étrangers.

Et je ne me suis point repenti de l'avoir aimée : car l'amour a sa récompense en lui-même ; et si maintenant elle revenait à moi, je laverais sa robe souillée avec mes larmes, et j'essuierais ses yeux avec mes baisers.

Et je me réjouirais plus de son retour que si elle ne m'avait jamais abandonné : car je l'aime comme Dieu m'a aimé.

Et quand je la rencontre sur mon passage, je me détourne de peur de la contrister par mes regards, et de peur de la voir rougir.

Et quand je me rappelle les infidélités de ma vie, mon cœur est rempli d'espérance et de consolations ; car j'espère que Dieu sera pour moi comme je suis pour la jeune fille.

Vous tous qui aimez, espérez en lui : car je vous

dis, en vérité, qu'il a choisi son asile dans votre cœur.

———

X.

LA FOI.

La foi est la confiance de l'amour. L'enfant reçoit les alimens que lui a préparés sa mère et ne demande jamais s'ils ne contiennent pas quelque poison.

C'est que son amour croit à la sagesse et à l'amour de sa mère.

La Providence est notre mère : croyons à sa sagesse et à son amour.

L'enfant sait qu'il n'a pas assez d'expérience pour interroger son père et lui demander les raisons de sa conduite ; mais le père dit à l'enfant : *Ceci est bien ; ceci est mal :* et l'enfant le croit.

Ainsi l'humanité a été conduite par la foi, durant les jours de son enfance.

Et tous ceux qui n'ont pas atteint la virilité de la raison et de l'amour, doivent soumettre leur inexpérience à la foi, qui est la raison de l'amour, et doivent grandir sous la tutelle du Christ, leur frère aîné.

Toute profondeur de la pensée virile est, pour le jeune enfant un mystère impénétrable.

Mais s'il se moque pour cela des discours des vieillards, n'est-ce pas un jeune insensé?

Jeunes gens qui riez des mystères de la religion, vous ressemblez à cet enfant peu sage.

Et si vous aimiez la sagesse, vous auriez foi en la sagesse de l'amour.

Si Dieu vous a donné plus d'intelligence, aidez les progrès tardifs de vos frères, au lieu de rire en les entendant bégayer; car l'amour n'est jamais moqueur.

Donnez-moi un homme qui aime véritablement ses frères et qui éprouve un noble plaisir à se dévouer pour leur bonheur : je suis sûr que chez cet homme l'âme et ses joies célestes triomphent des sens et de leurs brutales émotions.

Et si cet homme me dit : *Je ne crois pas,* je lui serrerai la main en souriant; et je lui dirai : *Mon frère, vous croyez.*

Que m'importe que votre langue ne sache pas expliquer son symbole, si vos œuvres en sont la réalité vivante?

Que m'importe qu'un livre ne parle pas à votre esprit, si l'esprit du livre agit dans votre cœur?

Car la foi ne consiste pas à savoir disputer sur des mots, mais à accomplir de cœur le sens des paroles divines.

Ne vous contristez donc pas pour des difficultés d'enfant, et ne soyez pas comme l'écolier qui jette le livre en pleurant, pour un mot qu'il n'a pas su lire.

Vous dites : *Cette parole de Dieu est absurde et révolte mon cœur ; je ne veux donc plus croire à Dieu.*

Et vous ne voyez pas que vous croyez à Dieu,

précisément parce que vous ne pouvez admettre
en lui le mensonge et l'absurdité.

Dites , si vous voulez être sage : *Cette parole ne
présente à mon esprit qu'un sens absurde ; donc
je ne la comprends pas ; ou elle n'est pas de Dieu :
car Dieu est sagesse et vérité.*

Et alors vous pourrez rencontrer des difficultés
dans l'étude , mais vous n'aurez jamais de doutes
contre la foi.

Quel homme a jamais dit dans la sincérité de
son cœur : *L'être n'est pas ; l'amour est mauvais ;
le bien est mal ?*

Quel homme jouissant de sa raison et parlant de
bonne foi a jamais envié la condition de la brute ?

Celui-là, sans doute , n'avait jamais vu le sourire d'une mère répondre à un doux élan de son
cœur ; il n'avait jamais senti sa poitrine palpiter
de bonheur en pressant le sein d'un ami ; une
jeune vierge n'avait jamais baissé ses beaux yeux
et tremblé en touchant sa main ; il n'avait jamais
senti une joie céleste humecter sa paupière , lorsqu'il essuyait les pleurs d'un infortuné !

Mais il se sentait du moins né pour toutes ces
choses si saintes , et lorsqu'il blasphémait la vie
dans l'amertume de son cœur, son cri de détresse
était plein de toute la jalousie de l'amour.

Oui , vous qui dites : *L'amour n'est pas !* vous
vous lamentez de n'être pas aimé, et vous exhalez
les plaintes d'une foi qui se croit trompée.

Ô mes frères ! ne me dites plus que vous n
croyez pas : car depuis le berceau jusqu'à la
tombe, l'homme ne peut vivre un seul instant
sans amour ; et l'amour vit de la foi.

Et tous les battemens de vos cœurs, et tous les soupirs de votre bouche, et toutes les paroles de votre âme, sont des actes de foi.

Vous ne doutez pas plus de l'intelligence et de l'amour que vous ne doutez de la vie.

Mais vous vous abattez dans les lassitudes de l'âme, et vous convoitez le repos de la brute dans les jouissances de la chair.

N'aimez pas la mort, et vous ne douterez jamais de la vie. Aimez pour vivre, et vivez pour aimer, et vous ne convoiterez jamais les hideux embrassemens de la mort !

———

XI.

LA LIBERTÉ.

Si Dieu est notre père, nous ne sommes donc pas ses esclaves : et comment serions-nous les esclaves des hommes ?

L'enfant s'asseoit à la table du père, et c'est le père qui sert ses enfans, comme le Christ a fait au banquet de son sacrifice.

Le fils est honoré comme le père par les amis de la maison ; car c'est le même sang et le même nom ; et l'héritage du père appartient au fils.

C'est pourquoi Dieu a voulu discerner ses enfans des esclaves, et il leur a donné la loi pour épreuve.

Et la loi n'était pas pour les enfans ; car les enfans n'ont d'autre loi que l'amour.

Les animaux sont au-dessous de l'homme, parce qu'ils obéissent à l'homme ; et les esclaves se sont faits le bétail de la peur.

Parce que leur âme s'était attachée à l'herbe qu'ils broutaient, et ils ont voulu digérer leur pâture dans le parc de la servitude.

Les vices qui rendent l'homme semblable à la brute sont les premiers ennemis de sa liberté.

Esclave de l'ivrognerie, l'homme sacrifie à ce vil penchant, sa femme, ses enfans et son âme.

Et il en vient à n'avoir plus même, pour se conduire, l'aveugle instinct de l'animal.

Esclave de la débauche impure, l'homme outrage les sources sacrées de son existence, noie dans les bouillons d'une luxure bestiale la flamme sacrée de l'amour. Il repousse la divinité qui descendait en lui pour créer, et remplit d'avortons les entrailles de la mort.

Il est une autre passion qui enchaîne le cœur de l'homme, et qui l'étouffe dans l'étreinte redoublée de ses fers : c'est le désir de posséder seul la terre.

Ce désir effréné est le fils aîné de Satan et le père de l'homicide.

L'avare maudit la vie de ses frères ; et, comme le corbeau, il veut dévorer les cadavres.

L'ambitieux, plus infernal encore, veut emprisonner les âmes dans son orgueil, comme l'avare enferme l'or dans ses coffres toujours affamés.

Ils se sont asservis à leur convoitise insensée; et ce maître impitoyable les frappe de sa verge de fer et ne leur laisse aucun repos.

C'est ainsi que se venge l'amour méprisé ; et, au jour de leur mort, leur âme maigre, vide, affamée et nue, grelottera dans la nuit froide où se perdent les ombres maudites.

Et ils étendront les bras pour y chercher le dieu qu'ils se sont fait ; et ils n'embrasseront à jamais que leur squelette pâle et glacé.

C'est l'intelligence et l'amour qui affranchissent les hommes : car le corps même de l'homme est le premier ennemi qu'il doit dompter.

Malheur à ceux qui s'abrutissent dans les joies de la chair, parce qu'ils se vautreront dans la servitude, et ne songeront plus à se relever !

Mais vous qui avez vaincu la chair, défendez contre la terre et contre le ciel même, la liberté sainte de l'esprit !

L'esprit ne doit céder qu'à l'esprit ; et la foi n'obéit qu'à l'amour.

C'est pourquoi le Christ, en mourant, a jugé ses bourreaux.

Et c'est pourquoi Jean Hus, du milieu de son bûcher, a foudroyé l'assemblée des méchans, et a fait rougir celui qui tenait alors l'empire de Satan.

Car les rois de ce monde corrompu sont les enfans du diable, et leur puissance est la puissance de l'enfer ; et ils osent régner au nom de Jésus-Christ !

Et c'est là l'antechrist qui devait venir ; et il est venu ; et il doit venir encore ; et il est déjà dans le monde.

Tout le mal vient du côté de l'aquilon ; mais les enfans de Dieu n'ont rien à craindre, car le prince de ce monde est jugé.

La liberté est comme le tonnerre dont les hommes se servent dans leurs combats : plus on la comprime, **plus elle éclate.**

Or, maintenant elle est foulée dans l'humanité tout entière de tout le poids d'un monde corrompu : aussi son explosion va bouleverser l'univers ; car la liberté c'est Dieu ; et on l'a enchaînée pendant son sommeil. Mais elle va se réveiller, et son courroux sera terrible, et lorsqu'elle s'agitera dans ses chaînes, le ciel et la terre seront ébranlés.

Que les hommes de mauvaise volonté ne nous accusent pas alors ; car nous les avons avertis.

Nous voudrions les empêcher de périr ; mais nous ne pouvons arrêter le bras de Dieu.

Ce n'est pas Élie qui trouble tout Israël ; c'est la tyrannie d'Achab.

Nous n'appelons pas le peuple aux armes et à la vengeance ; mais plût à Dieu que les riches ne fussent pas plus que nous séditieux et provocateurs !

Vous dévorez le peuple vivant, et vous croyez qu'il ne criera pas !

Couvrez-le de pierres entassées, embastillez-le dans vos tombeaux, et je vous dis, en vérité, que s'il se tait, les pierres crieront.

XII.

LA PRIÈRE.

La prière est l'épanchement de l'âme dans la sagesse et dans l'amour éternels.

C'est le regard de l'esprit vers la vérité, et le soupir du cœur vers la beauté suprême.

C'est le sourire de l'enfant à sa mère ; c'est le murmure du bien-aimé qui se penche vers les baisers de sa bien-aimée.

C'est la douce joie de l'âme aimante qui se dilate dans un océan d'amour.

C'est la tristesse de l'épouse en l'absence du nouvel époux.

C'est le soupir du voyageur qui pense à sa patrie.

C'est la pensée du pauvre qui travaille pour nourrir sa femme et ses enfans.

Car celui qui travaille, prie : Dieu l'a dit par la bouche du peuple.

Et la souffrance journalière du peuple est un long et continuel travail : aussi Dieu entend la plainte du peuple, et la prière du pauvre fait violence à sa justice.

Comment ceux qui oppriment le peuple espèrent-ils rester impunis, lorsque tant de prières éplorées montent jour et nuit vers le trône de Dieu, pour lui demander vengeance ?

C'est pourquoi ne nous lassons pas de prier ; mais ne prions pas à la manière des pharisiens et des hypocrites, qui pensent entraîner les grâces du ciel dans l'inépuisable flux de leurs paroles.

Prions en silence dans le repos de notre cœur, et levons vers notre Père inconnu un regard de confiance et d'amour. Acceptons avec foi et résignation la part qu'il nous donne dans les peines de la vie, et tous les battemens de notre cœur seront des paroles de prières.

Est-ce que nous avons besoin d'apprendre

à Dieu quelles choses nous lui demandons, et ne sait-il pas ce qui nous est nécessaire? Si nous pleurons, présentons-lui nos larmes; si nous nous réjouissons, adressons-lui notre sourire. S'il nous frappe, baissons la tête; s'il nous caresse, endormons-nous entre ses bras !

Et notre prière sera parfaite, lorsque nous prierons sans savoir même que nous prions.

Car celui qui s'assujétit aux heures et aux formules de prières, est semblable à l'horloge qui sonne lorsque la roue a tourné, mais qui ne sait pas compter l'heure qu'elle annonce.

Tant que le feu brûle, la fumée s'élève vers le ciel.

Ainsi, tant que l'âme est vivante, la prière monte vers Dieu.

La prière n'est pas un bruit qui frappe l'oreille; c'est un silence qui pénètre le cœur.

Et de douces larmes viennent humecter la paupière; et des soupirs s'échappent comme la fumée de l'encens.

Et l'on se sent pris d'un ineffable amour pour tout ce qui est beauté, vérité et justice; et l'on palpite d'une nouvelle vie, et l'on ne craint plus de mourir.

Car la prière est la vie éternelle de l'intelligence et de l'amour; c'est la vie de Dieu sur la terre.

Le Père prie le Fils de descendre; le ils prie le Père de pardonner, et l'Esprit prie tout ce qui existe d'aimer et d'être heureux.

Amen ! Esprit d'amour! viens; et tout sera créé pour le bonheur; et tu renouvelleras la face de la terre!

Amen ! Amen ! Que cela soit ainsi !

———

3.

XIII.

LE PÉCHÉ.

Le péché est l'avortement de l'intelligence et de l'amour.

C'est l'homme qui ne se lève pas lorsque Dieu l'appelle à la lumière, et qui reste endormi dans les ténèbres.

C'est l'enfant stupide ou sans cœur, qui se détourne avec humeur, lorsque sa mère lui tend les bras.

C'est le vase d'argile que le feu n'a pas durci, et qui laisse échapper la douce liqueur de la vie.

Aussi les vases de péché seront brisés et repétris par le potier et remis au feu éternel, jusqu'à ce qu'ils deviennent des vases d'honneur dignes de la table du roi.

Que celui qui comprend médite ce qu'il comprend !

Le péché est fils de l'ignorance ou de l'erreur ; mais l'ignorance et l'erreur sont des épreuves de l'amour de la vérité et de la vérité de l'amour.

La douce liberté, notre mère et notre fiancée, s'est montrée à nous au commencement ; puis elle a fui dans les ombres de la mort et nous a appelés à elle, pour voir si l'amour serait plus fort en nous que la crainte.

Et l'homme s'est élancé vers elle à travers la

nuit ; et il s'est heurté contre la pierre ; et il est tombé dans les précipices ; et il s'est déchiré entre les ronces du chemin.

Mais lorsque le jour lui montrera enfin sa bien-aimée, croyez-vous qu'elle lui reprochera les blessures qu'il aura affrontées pour elle ?

A celui qui aura marché toujours malgré ses chutes et ses meurtrissures, elle donnera la robe nuptiale et le repos dans les embrassemens de l'épouse.

Mais à ceux qui auront eu peur des ténèbres et qui se seront assis enveloppés dans leur manteau, et qui auront allumé la lampe égoïste de leur raison pour se garder eux-mêmes à sa pâle clarté ; la liberté se montrera de loin avec un reproche amer de leur lâcheté et de leur ingratitude.

Et s'ils ne sont pas morts ils se réveilleront ; mais s'ils se sont endormis dans la mort de l'égoïsme, ils seront rejetés au grand feu de la fournaise qui prépare l'or, l'argent et l'airain à être jetés au moule, pour embellir le temple du Seigneur.

Et avant de revivre, ils se sentiront mourir par leur faute et croiront que c'est pour toujours.

Mais leur désespoir même sera un acte d'amour et une étincelle de vie.

Et cette étincelle germera comme une semence au sein de leur corruption et de leur mort.

Et ils n'entreront que plus tard dans la vie de l'humanité et à travers de grandes douleurs.

Et leur naissance sera pour la vie éternelle un accouchement tardif et laborieux.

Lorsque le potier travaille, il prend une masse de terre et la pétrit pour faire un vase.

Mais à mesure que le vase se finit, il rejette une partie de l'argile qu'il avait d'abord choisie.

Puis il recueille tous ces débris et les réunit à la masse qui doit lui servir pour d'autres ouvrages.

Ainsi ceux en qui il ne s'est pas trouvé assez de divinité pour trouver la vie dans la mort, ceux qui n'ont pas aimé la liberté, parce qu'ils n'en voyaient pas la beauté; ceux-là ont été rejetés par l'Éternel ouvrier qui fait l'homme.

Ont ils le droit de se plaindre? Non, car l'ouvrier dispose à son gré de son argile : ils ne souffrent pas de la privation de l'être, car on ne peut regretter ce qu'on ignore.

Ceux qui souffrent du désir de la vie, ont déjà la vie qui travaille en eux à s'affranchir de la mort.

Mais je vous dis, en vérité, que rien de ce que rejette d'abord l'Ouvrier céleste ne sera perdu.

Car il travaille sans cesse ; et chaque œuvre est terminé à son jour.

Mais comme le potier frappe sur le vase qu'il retire du feu, pour savoir s'il est heureusement terminé, Dieu éprouve l'homme par la crainte et par la douleur.

Si le vase résiste, le potier se réjouit et dit : *J'ai fait ce vase.*

Si l'homme résiste, Dieu lui tend les bras avec joie et dit : *J'ai engendré un fils libre et intelligent comme moi.*

Mais tout ce qui se laisse briser est rejeté dans la masse inerte, d'où l'esprit tire successivement les plantes, les animaux et les hommes.

Et rien de ce qui n'existe pas encore ne peut souffrir.

Et rien de ce qui existe ne souffre que pour enfanter le bonheur.

Or, devant Dieu, le péché n'existe pas : car le mal est le néant du bien ; et le bien existe.

Le mal n'existe que dans notre imagination ignorante, parce que nous ne savons pas que tout ce qui nous semble mauvais est un bien qui naît laborieusement.

C'est un mal que la faiblesse, et l'ignorance, et la misère infinie de l'enfant qui vient de naître ; et c'est de ce mal pourtant que sortent, plus tard, tous les biens de la vie humaine.

Le péché est la chûte du nouveau-né ; et sa mère le relève sans s'irriter contre lui, car elle sait bien qu'il ne peut encore marcher.

———

XIV.

ABRAHAM.

La Bible est le livre des images de Dieu.

A la tête des magnifiques symboles de l'humanité apparaît Abraham, le père des croyans.

Il quitte sa terre natale, comme Adam avait quitté le Paradis terrestre, pour aller chercher dans l'exil la terre de la liberté.

Et la libetré l'accompagne : c'est la jeune et vieille Sara que les rois d'Egypte et de Gérara cherchent à violer.

4

Car sa beauté ne peut vieillir ; mais Dieu, pour éprouver son époux, lui a fermé le sein et l'a rendue stérile pour un tems.

Alors la loi représentée par Agar est donnée à l'homme ; et elle conçoit un fils qui doit grandir plus tard sous le nom d'Ismael, et régner sous le nom de Mahomet.

Et la servitude de la loi s'élève contre la liberté; mais la liberté la frappe et la châtie.

Et Agar revient au toit d'Abraham pour mettre son fils au monde.

Et l'homme ne la craint plus : car un fruit d'avenir germe au sein de la liberté.

La religion du Christ, figurée par Isaac, est annoncée par trois anges, révélation nouvelle de la Trinité : elle vient au monde, et Ismael qui veut la persécuter est relégué dans le désert.

Et le fils de l'homme grandit dans la maison de son père qui se complaît dans son amour.

Mais l'esprit de Dieu, qui ne laisse aucun repos à l'humanité, jusqu'à ce qu'elle soit libre comme lui, demande à l'homme un étrange sacrifice.

Ce fils de la promesse, cet héritier de l'avenir, ce Christ, objet de la complaisance du Père, il faut l'immoler au Seigneur sur la montagne des visions. Dieu combat contre lui-même ; et l'homme sent en lui la force de vaincre le ciel. Pour obéir à l'intelligence et à l'amour qui le travaillent, il va immoler le Christ dont la religion n'est plus pour lui qu'une chaîne de chair et de sang.

Mais Dieu lui arrête le bras et lui montre un bélier qui, semblable à l'orgueil des pharisiens et des docteurs, s'est pris par les cornes dans un buisson d'épines.

Il sacrifie cette forme destinée à mourir, et ramène son fils dégagé de tous ses liens. Voilà où en est maintenant l humanité !

XV.

ISAAC.

Isaac est le symbole du Christ.

Il épouse une femme qui lui fait oublier sa mère : la loi nouvelle est plus douce que l'ancienne loi.

Cette femme a deux fils jumeaux qui s'entrebattent dans ses entrailles ; la crainte, reste de l'ancienne servitude, sous la figure d'Esaü ; et l'amour figuré par Jacob.

La crainte naît la première ; c'est un enfant laid et sauvage ; puis vient l'amour qui, sous la figure de Jacob, promet de supplanter la crainte.

Ces deux frères se haïssent l'un l'autre et ne peuvent s'accorder ensemble.

La crainte, affamée de récompenses, cède son droit d'aînesse pour une grossière nourriture ; et tandis qu'elle se fatigue et travaille pour mériter les bonnes grâces du père, Jacob reste auprès

de sa mère qu'il aime , et par les soins de laquelle
il est béni au lieu d'Esaü.

Mais quand l'esprit du Christ a semblé quitter
la terre , quand les serviteurs de la crainte règnent
et persécutent les enfans de l'amour, Jacob s'enfuit
voyageur et exilé.

Mais il s'endort dans le désert , et une échelle
d'or descend du ciel et s'appuie sur son cœur.

Et ses soupirs montent vers Dieu comme des
anges ; et les bénédictions de Dieu descendent
vers lui , belles et immortelles comme les esprits
des cieux.

Et Jacob s'écrie , en s'éveillant au milieu du
désert : *C'est ici la maison de Dieu, et je ne le
savais pas !*

———

XVI.

JACOB.

Jacob représente l'humanité.

Il aime la liberté, figurée par Rachel, et il doit
la mériter par de longs travaux.

Et Lia , image de la loi, lui est donnée pour
absorber dans sa fécondité l'ardeur trop juvénile
du robuste pasteur, et ménager à la tendre Rachel
des embrassemens plus choisis et plus doux.

Dieu se montre alors à l'homme comme un maître avare et capricieux.

Mais Jacob est devenu riche, et il fuit la tyrannie de Laban, à qui la liberté dérobe ses idoles.

La loi engendre des fils dont l'aîné déshonore son père : la synagogue devait condamner le Christ à la mort.

La liberté engendre deux fils : Joseph, figure du Christ, rejeté par ses frères, et sauveur de ses frères ; et Benjamin, l'Esprit de liberté, qui, en naissant, donne la mort à sa mère : car la liberté est mortelle et imparfaite avant le règne de l'Esprit.

Ce n'est qu'une femme en travail qui doit mourir en mettant un homme au monde.

Mais c'est Joseph qui doit nourrir Jacob pendant la stérilité de la terre ; c'est lui que ses frères doivent adorer.

Et il se montre à eux d'abord comme un maître dur et injuste ; puis, ses larmes le trahissent ; il pousse un cri et dit : *Je suis Joseph !*

Et se jetant au cou de Benjamin, il l'embrasse en pleurant : car le Christ aime de préférence le doux esprit de liberté.

Et Jacob bénit les fils de Joseph ; mais il préfère le plus jeune à l'aîné, parce que la liberté doit naître de l'Evangile après la servitude, et après la crainte, l'amour.

———

XVII.

MOÏSE.

Moïse est l'esprit de liberté ; il naît dans la persécution de la tyrannie, et Pharaon cherche à l'étouffer au berceau.

La parole qui fuit comme l'onde le porte abandonné dans sa nacelle, et la curiosité, fille de la tyrannie, l'élève secrètement à la cour même du persécuteur : il grandit au milieu de la corruption qu'il doit combattre, et apprend à connaître les tyrans.

Il sort enfin de cette retraite où le nourrissait la vengeance, et proteste contre la tyrannie, par un de ces actes de courage que les lâches appellent des crimes : il trouve un Egyptien qui maltraitait un Israélite, le tue et cache son corps dans le sable.

Ceux même qu'il veut sauver ne le comprennent point ; on le cherche comme un meurtrier ; il s'enfuit au désert et veut y chercher le repos ; mais Dieu s'oppose à lui comme une haie enflammée et le rejette sur Pharaon, en l'armant de serpens qui sifflent contre la puissance de l'impie.

Il revient avec une parole toute puissante ; le ciel l'a établi le dieu de Pharaon. A sa voix, les ténèbres tombent sur l'Egypte, des grenouilles importunes croassent jusque sous la table du tyran, et la coupe du roi se rougit avec horreur d'une eau ensanglantée. L'opinion souveraine a parlé ; les Israélites vont sortir de la servitude ; tous les obstacles s'aplanissent devant le génie qui enfante des miracles ; les montagnes s'enfuient comme des troupeaux épouvantés ; les mers ouvrent leur sein et se referment sur les persécuteurs du peuple. La liberté triomphe ; mais elle est encore dans le désert.

Cependant, à sa parole invincible, les cœurs

les plus durs s'amollissent et l'eau jaillit des veines du rocher : le pain que distribue la fraternité semble tomber du ciel ; mais le peuple ne comprend pas d'abord que le bonheur est le prix des grands sacrifices. Souvent il regrette l'antique servitude, et irrite la liberté qui le frappe de châtimens terribles ; car il faut qu'elle sauve ou qu'elle tue, et on ne l'a pas invoquée en vain.

Cependant, au milieu des tonnerres, elle proclame la plus douce de toutes les lois : *Aimez Dieu de tout votre cœur, et le prochain comme vous-mêmes.*

Le désert est traversé ; et toutes les vieilles âmes infectées du venin de la servitude y ont péri sans voir la terre promise. C'est à une race jeune et croyante qu'il appartient de passer le fleuve sacré.

Mais les enfans de Dieu ne peuvent s'établir que par la guerre ; l'ancien monde doit périr pour faire place au monde nouveau. Le plus noir des épouvantemens se répand comme la nuit sur toutes les lumières du monde ; et dans cette nuit terrible, sonne une formidable trompette dont les éclats font tomber les murailles : le soleil s'arrête dans le ciel pour regarder mourir les rois ; les têtes, jadis couronnées, roulent sous les pieds du peuple ; les arbres se chargent de fruits de mort et balancent des dépouilles royales. La terre est partagée également à tous.

Dieu seul est roi ; et le peuple règne en son nom, gouverné par la loi d'amour et jugé par ses pères et ses vieillards. *Amen !* Qu'il en soit ainsi !

XVIII.

LE CHRIST.

Le Christ est la victime de la liberté, le destructeur du monde criminel et le dieu de la révolution.

Il vient lorsque Judas a laissé échapper le sceptre de ses mains, lorsqu'Israël est sans vertu, lorsque la patrie est éteinte.

Sa mère est vierge; car la pensée qui enfante le sacrifice est pleine d'un amour austère et renonce aux plaisirs de la vie.

Il naît dans la crèche, au milieu de la pauvreté, et les hommes du peuple le reconnaissent et l'adorent; et une lumière nouvelle se montre dans le ciel.

Hérode le cherche pour l'égorger; le sang innocent coule sous le couteau de la tyrannie; mais Hérode ne tue que son propre fils, et le Christ enfant échappe à ses bourreaux. Il doit grandir pour mieux se sacrifier au salut du monde.

Le fils de l'artisan médite la grande révolution dans les travaux de l'atelier, et il est soumis à ses parens: car la liberté ne se révolte pas contre l'autorité de la sagesse et de l'amour.

Comme Moïse, il fuit au désert, et il est tenté par l'esprit d'égoïsme; mais il le confond dans sa triple puissance, et le ciel se soumet au vainqueur de Satan.

Il prêche la souffrance et le sacrifice, et maudit les heureux du siècle. A sa voix, la tempête des passions s'apaise , et il marche tranquil'ement sur les flots irrités ; il touche en gémissant les yeux des aveugles et les oreilles des sourds, et leur dit : *Ouvrez-vous.* Mais Jérusalem est esclave de Rome, et elle s'obstine à périr.

Puisqu'il ne peut sauver sa patrie , le Christ va mourir pour le monde entier !

Il convie au banquet des noces de l'homme avec la liberté , les vagabonds , les mendians , les aveugles et les boiteux. Il abaisse ceux qui se croient justes , et réhabilite les pécheurs. Il ne condamne pas la femme adultère , et dit de la prostituée : *Beaucoup de péchés lui sont remis parce qu'elle a beaucoup aimé.* Il condamne le pharisien superbe et justifie l'humble publicain. Il traite Hérode de chacal , et les prêtres de sépulcres blanchis. Il met l'homme au-dessus de la loi , et déclare que la loi est faite pour l'homme , et non pas l'homme pour la loi : aussi est-il traité d'impie et de blasphémateur.

Il viole le sabat avec ses disciples , et censure amèrement les traditions humaines ; il n'observe pas les cérémonies légales, et dit qu'il faut purifier le cœur plutôt que de laver les mains.

Il abolit parmi ses disciples les titres de seigneur, de maître et de père : *Vous n'avez qu'un maître, qu'un seigneur et qu'un père : c'est Dieu. Mais pour vous, vous êtes tous frères.*

C'est ainsi que se révèle au monde la triple dignité humaine : liberté, égalité, fraternité !

Ou la mort ! a ajouté l'expérience des siècles. Et en effet, la mort règne où ne triomphe pas la vie ; et la vie c'est la liberté, l'égalité et la fraternité.

Ainsi Jésus s'élève contre la société mauvaise qu'avait enfantée l'egoïsme ; et parce qu'il ose être juste, il est criminel selon les lois des méchans.

Sa condamnation condamne les lois selon lesquelles il doit mourir ; et c'est ainsi que par le cri d'adoration, qu'arrachent à tous les cœurs ses sublimes vertus , il révolte légitimement l'esprit contre la chair, et affranchit le monde par l'amour.

Cet homme était vraiment le fils de Dieu ! A sa mort , le faux jour qui égarait le monde s'obscurcit ; le voile du sanctuaire se déchire ; la terre sent les convulsions d'un nouvel enfantement, et les morts sortent de leurs tombeaux.

XIX.

LA COMMUNION

La communion est la communauté du pain , du vin et de la charité.

Et l'âme a aussi le pain de son intelligence et le vin de son amour, qu'elle doit manger et boire avec ses frères.

Le pain que la charité fraternelle partage n'est plus seulement un symbole d'amour ; il est la charité même , qu'il nourrit d'une substance divinisée.

C'est pour faire de tous les hommes une seule

âme nourrie de la même vérité et abreuvée du même amour, et un seul corps substanté du même pain et désaltéré à la même coupe, que le Christ a donné sa chair et son sang au supplice de la croix.

Aussi, en donnant à ses apôtres ce résumé vivant et vivifiant de sa doctrine, il leur a dit : *Mangez-en tous : ceci est mon corps; buvez-en tous: ceci est mon sang.*

Le jeune homme qui se vend aux recruteurs pour nourrir sa pauvre famille, pourrait lui dire la même chose en lui distribuant ce qui lui a coûté si cher.

Mais cette parole si simple en elle-même et si mélancoliquement figurée, n'a pas été comprise d'abord.

Les hommes n'ont pas vu que la charité c'est Dieu ; que le Christ était Dieu par la charité, et qu'en distribuant à tous le pain et le vin de la fraternité, il les nourrit de lui-même et de Dieu.

Et que son corps, son sang, son âme et sa divinité, sont tous entiers contenus sous les apparences du pain et du vin, mais d'une manière sacramentelle, c'est-à-dire, symbolique et mystique.

Ils n'ont pas compris qu'en se nourrissant de fraternité et d'égalité, ils se nourrissent de Jésus-Christ, et que l'esprit de Dieu veut unir tous les hommes dans la communauté, ou autrement dit, dans la communion.

Ainsi toutes les paroles symboliques du dogme chrétien sont vraies; mais la chair ne sert de rien pour les entendre; c'est l'esprit seul qui vivifie.

Comprenez-vous maintenant dans quelles dispositions nous devons participer au banquet d'amour?

Chacun apporte sa part au banquet commun; et il mange de ce que tous ont apporté.

Si vous n'avez pas encore donné au Christ, c'est-à-dire à l'humanité, votre chair et votre sang, de quel droit mangerez-vous la chair et boirez-vous le sang du Fils de l'homme?

Interrogez-vous donc vous-mêmes avant d'approcher de cette table auguste : et si vous n'êtes pas un membre du grand corps, ne faites pas couler son sang sur vous; car il vous ferait une tache sur le front.

N'approchez pas vos lèvres du cœur de Dieu; il sentirait votre morsure.

Ne buvez pas le sang du Christ; il vous brûlerait les entrailles : c'est bien assez qu'il ait coulé inutilement pour vous !

—

XX.

L'ANTECHRIST.

Les commencemens du christianisme furent beaux : car l'âme du Christ était encore brûlante dans les cœurs de ses disciples. La communion des biens égalisait tous les frères, et l'on se réunissait pour célébrer la mort triomphante du maître, dans des festins de charité que l'on appelait pour cela *agape* ou *amour*.

Mais, à mesure que les eaux froides du siècle coulèrent dans le calice du Seigneur, le sang de Jésus-Christ s'attiédit peu-à-peu dans les veines des chrétiens.

La hiérarchie fut établie selon les préjugés du monde, et avec elle l'ambition se glissa dans le sanctuaire et s'empara de l'encensoir. Le règne du Christ commença à être de ce monde; et les apôtres n'étaient pas encore morts, que le mystère d'iniquité se préparait déjà.

« Que celui qui tient l'empire le tienne jusqu'à
» ce qu'il lui soit enlevé, disait saint Paul, et
» alors se manifestera l'homme d'iniquité, que le
» Sauveur tuera d'un souffle de sa bouche. »

C'est que saint Paul entendait les craquemens de l'empire romain prêt à s'écrouler devant la croix; mais il voyait, avec saint Jean, sortir des décombres l'hydre aux sept têtes couronnées, sur laquelle s'asseoit la prostituée de Babylone.

Il écoutait, pour ainsi dire, germer au sein du christianisme, un nouvel empire humain plus sacrilége que le premier : car il devait usurper le nom de Dieu. Il portait écrit sur son front : *Mystère!* et sa tête se chargeait d'une triple couronne, et il était ivre du sang des martyrs.

En effet, après la chute de l'empire persécuteur du Christ, s'éleva, au nom du Christ lui-même, une puissance meurtrière et persécutrice. Aux saturnales des Césars succédèrent les orgies des Pontifes, et les bûchers de l'Inquisition s'allumèrent sur la cendre fumante encore des premiers martyrs....

La courtisane, soi-disant Eglise chrétienne, se

5

prostitua à tous les tyrans de la terre, et chercha, comme Dalila, à les énerver pendant leur sommeil.

Des débris que les Barbares avaient amoncelés dans Rome, des ruines de tous les palais et de tous les temples de l'ancien monde, les antichrétiens voulurent bâtir une tour qui s'élevât jusqu'au ciel et protégeât les méchans contre Dieu même. Alors comme dans le Mythe sacré, Dieu se baissa pour voir l'ouvrage des enfans des hommes, et il confondit leur langage, et la grande cité fut divisée en trois parts. Le grand schisme éteignit les unes sur les autres les vaines foudres des pontifes. Le colosse à la tête d'or et aux pieds d'argile s'écroula honteusement sans avoir été touché par la main des hommes. Alors les rois se disputèrent les débris de l'idole et en firent des escabeaux à leurs trônes ; puis, montés sur ces simulacres brisés, ils voulurent être adorés comme des dieux.

Le pouvoir sacrilége des rois s'éleva sur les ruines de celui des papes ; alors la parole de Jésus-Christ devint un souffle d'ouragan qui souleva les nations, et les jeta comme de la poussière dans les yeux des rois.

Et les rois chancelèrent comme des hommes ivres, et la coupe de la colère fut répandue sur le trône de la bête, et son empire devint ténébreux.

Et Dieu déchaîna les anges exterminateurs, et un grand bruit d'hommes et de chevaux fit trembler la terre, et une grande voix appela dans le ciel les aigles et les vautours au large banquet des princes et des rois.

Et l'empire de Babylone tomba comme une

lourde pierre qui, du haut du ciel, est lancée dans la mer et ne reparaît plus.

C'est maintenant que cette prophétie va s'accomplir.

Car l'antechrist est cette bête dont saint Jean disait : « Elle était et elle n'est plus, et elle sortira » de nouveau de l'abîme, et elle se perdra dans la » mort. »

———

XXI.

LE SYMBOLE DES APOTRES.

Ne croyez pas que je sois venu détruire la religion du Christ.

Je ne viens pas la détruire, mais l'établir ; je ne supprime point la loi, je l'accomplis.

Car elle nous ordonne d'aimer le Seigneur dans la liberté de l'esprit.

Et je ne laisserai passer aucune lettre de son Symbole, sans lui donner son accomplissement.

Ainsi je crois en Dieu, l'être des êtres, le Père tout-puissant, Eternel créateur du ciel et de la terre, source unique de la pensée et de la forme multipliées à l'infini ; en Jésus-Christ, son fils unique, quoique nous soyons tous ses enfans ; mais Jésus-Christ est le symbole d'union qui nous rassemble ; il s'est identifié au peuple, et le peuple doit vivre en lui comme un seul homme fils unique de Dieu.

Le Christ, c'est-à-dire l'homme sacrifié à l'amour, a été conçu du Saint Esprit, de cet esprit de Dieu, qui est où vit la liberté. Il est né du sein de la femme ; car c'est d'une mère qu'il faut apprendre à se dévouer pour ce qu'on aime. Et cette femme était la vierge Marie, le type parfait de la femme, les douleurs et les joies d'une mère dans le cœur chaste et pur d'une vierge.

Il a souffert pour nous sous Ponce-Pilate ; il a été crucifié ; il est mort ; il a été enseveli, et il est descendu chez les morts ; mais il est ressuscité par le triomphe de sa doctrine. Il est monté aux cieux, car on l'a adoré pendant dix-huit siècles, assis à la droite de Dieu le Père tout-puissant, et de là il va venir à la tête du peuple juger les vivans par l'esprit et par le glaive, et condamner ou réhabiliter la mémoire des morts selon la doctrine de la liberté.

Je crois au Saint-Esprit d'amour et de liberté, qui doit régner sur le monde, délivré des entraves des lois, et qui procède du Père et du Fils.

Je crois à la sainte société universelle ; c'est ce que veut dire le mot *Eglise catholique*. Je crois à la communauté entre les enfans de Dieu que l'Esprit a sanctifiés : c'est ce que veut dire le mot communion des saints.

Je crois à la rémission de tous les péchés.

Je crois à la résurrection de la chair : car lorsque l'intelligence et l'amour régneront dans le monde entier, la chair deviendra soumise, et ses plaisirs ne donneront plus la mort.

Je crois à la vie éternelle ; car pour moi la mort n'est qu'une transfiguration, le mal qu'une épreuve, et le néant qu'un mot vide de sens : puisque tout ce qui est, est dans la vie éternelle, et cette vie éternelle c'est Dieu.

XXII.

LES PROPHETES.

Les prophètes sont des hommes que le présent afflige, parce qu'ils vivent dans l'avenir.

L'intelligence et l'amour dont ils sont remplis se trouvent trop à l'étroit dans le siècle où ils passent : ils parlent des choses futures et sont pris pour des insensés.

Les hommes qui, sous la loi de Moïse, ont désiré un législateur plus parfait ; ceux qui, dans les égaremens de la synagogue, ont pressenti la croix qu'elle préparait au juste ; ceux qui, sous le règne de la crainte, ont rêvé la grâce d'un Dieu fraternel.

Ceux-là ont été des prophètes parmi les Juifs ; et les prêtres et les docteurs de leur tems les ont regardés comme des impies et les ont fait mourir.

Et ceux qui, sous le règne sévère du crucifié, ont deviné la liberté sainte de l'esprit d'amour et ont rêvé la réalisation de la grande fraternité prêchée dans l'Evangile de Jésus-Christ.

Ceux-là ont été des prophètes parmi les chrétiens, et les prêtres et les docteurs les ont persécutés et les ont fait mourir comme des hérétiques et des impies.

Malheur aux sages de ce monde , parce que leur orgueil les a aveuglés !

Heureux les simples et les pauvres d'esprit , parce que le royaume de Dieu ne trouve point d'obstacle pour se manifester à leur cœur !

Mais plus heureux les hommes d'intelligence et d'amour, qui ne cherchent que la vérité et n'aiment que la beauté éternelle !

Car ils abandonneront avec joie leur barque et leurs filets , et ils se feront un troisième tabernacle sur la montagne de Thabor.

Malheur à ceux qui se croient vertueux, parce qu'ils dorment dans les haillons de leur misère et disent : je me suis fait de superbes vêtemens !

Heureux les pêcheurs qui sentent leur pauvreté et qui se tiennent nus et délaissés sur le passage de l'esprit !

Car l'esprit leur donnera à chacun une robe blanche et les conviera aux noces de l'agneau.

Mais les orgueilleux et les hypocrites seront laissés dans les ténèbres extérieures , et ils tâtonneront pour chercher la porte de la salle du festin, et ils ne la trouveront pas.

Jusqu'à ce qu'ils aient perdu leur âme pour la sauver. Que celui qui a de l'intelligence comprenne la parabole.

XXIII.

LES MARTYRS.

Les martyrs sont des hommes d'intelligence et

d'amour qui protestent, jusqu'à la mort, contre le tyrannie brutale des hommes de chair et de sang.

Ce sont des protestans sublimes qui désobéissent aux hommes pour obéir à Dieu.

C'est le Christ qui prêche une loi nouvelle et périt comme séditieux et blasphémateur.

Ce sont les apôtres qui prêchent le Christ ressuscité, malgré les princes des prêtres; accusent la synagogue de déicide, insultent les dieux des Césars, et meurent comme les derniers des coupables.

Ce sont les solitaires du Désert qui protestent, par des austérités inouies, contre la mollesse qui nourrit l'égoïsme du monde.

Plusieurs de ces serviteurs de Dieu ont été des fous selon la sagesse du monde, parce que la sagesse de Dieu, en l'emplissant avec trop de véhémence, avait comme brisé leur raison.

Tel a été saint François-d'Assise, qui se fit mendiant et mit la mendicité sur les autels, afin de la reprocher divinement aux mauvais riches.

Tels ont été et sont encore tant de martyrs de la charité qui vont respirer avec délices l'air infect des hôpitaux et des prisons, condamnant, par leur vie et par leur mort, la dureté du monde pour les douleurs humaines.

Ceux-là sont assistés, à leur mort, par des anges de paix.

Mais l'amour dédaigné a aussi ses anges de colère; et les lois injustes du monde arrachent à la nature et à la justice opprimées ces protestations terribles que le monde appelle des crimes.

L'homme à qui une société égoïste et meurtrière

refuse le pain qui doit le nourrir comme les autres hommes, repoussé dans toutes ses tentatives pour s'asseoir au grand banquet de Dieu, s'indigne dans son cœur, et dit à ceux qui le repoussent : *Vous êtes des assassins !*

Mais moi, jai autant que vous le droit de vivre ; et si je puis me défendre contre vous, je ne veux pas mourir ! vous m'attaquez par la faim : moi, je prendrai une arme moins lâche et moins cruelle, et je sauverai ma vie avec le poignard !... et il mange un peu de pain taché de sang, qu'on lui fait payer de sa tête.

Un autre se glisse furtivement dans l'ombre, et à travers mille dangers, il arrache aux mains avares du riche un peu de cet or qui ouvre et ferme le cœur des hommes comme une clé ; et il s'en va et achète en rougissant le pain que la société lui devait ; et s'il est découvert, on l'attache vivant à une chaîne et il y meurt en travaillant comme un animal de rebut.

Et cependant sa femme et sa fille restent abandonnées ; et pour vivre, elles vendent leur chair à la débauche.

Et vous croyez que Dieu ne fera pas justice de ces abominations !

Et vous dites que l'enfer sera, après cette vie, le partage de ces malheureux, dont une société impie a bu le sang et mangé la chair !

Et moi, je vous dis qu'ils seront les juges de ce monde et qu'ils le condamneront.

Et leurs âmes crient vengeance sous l'autel de Dieu ; mais Dieu leur dit d'attendre encore, jusqu'à ce que la coupe de sang soit pleine ; et pour

les consoler, il leur donne à chacun une robe blanche comme l'innocence.

Car je vous dis, en vérité, que ceux que vous
appelez des criminels, sont des martyrs du Dieu
vivant !

Leurs actions ont été coupables, il est vrai ;
mais c'est vous qui les avez commises par leurs
mains, et vous osez les juger ! et vous les assassi-
nez en cérémonie pour la justice et le bon exemple !

XXIV.

LA PROPRIÉTÉ.

Si un riche me demande : *Est-ce que la religion de l'esprit que tu prêches absout les brigands
et les voleurs ?* Je lui répondrai : *Non, car elle
te condamne.*

Et c'est pourquoi je t'adjure, en son nom, de rendre au pauvre son pain, que toi ou tes pères vous
lui avez volé.

Rien sur la terre n'appartient à tel ou tel homme ;
tout appartient à Dieu, c'est-à-dire à tous.

L'esprit d'usurpation est l'esprit du meurtre ;
et c'est lui qui a été homicide dès le commencement.

Quoi, parce que vous avez entassé des pierres
autour d'une campagne, vous seul en recueillerez

les fruits, tandis que je mourrai de faim au pied de votre muraille !

Mais moi, si je veux amonceler plus de pierres encore autour de votre enceinte, et dire : elle est maintenant à moi, qui m'en empêchera ?

L'épée des voleurs et des meurtriers comme vous, qui se sont associés pour jouir en paix de leur brigandage.

Et si, cherchant à me défendre contr'eux, je suis le plus faible, c'est moi qu'ils appelleront un brigand et un assassin !

C'est ainsi que les plus forts se sont partagé la terre ; et les faibles meurent de faim sans asile.

Mais si les faibles se réunissent et luttent avec courage, ils seront forts.

Le Christ a protesté contre la propriété par la puissance de l'esprit ; il n'a pas eu une pierre où reposer sa tête, et il est mort entre deux voleurs ; mais son dernier soupir a bouleversé le monde.

Les disciples du Christ se sont volontairement dépouillés de tout pour protester contre la propriété ; et leur vie austère et mourante était un cri sublime qui demandait justice au ciel.

Car si, par amour pour Dieu et les hommes, on peut se priver même des nécessités de la vie, comment doivent être jugés ceux qui engraissent leur mollesse du sang de leurs frères ?

Tous ceux qui ont compris la loi du Christ, ont cherché à réaliser sa pensée unique : la communauté.

Mais tant qu'ils vivent sous les lois du diable, c'est à dire de l'usurpation, les chrétiens sont des victimes qui gémissent vers Dieu; et ils n'ont pu former que des communautés de douleurs.

C'est là que, dans un morne silence, condamnation austère des discours des méchans, ils protestaient, par le jeûne, contre l'intempérance des riches, et par le célibat, contre les prostitutions de l'amour à de vils intérêts.

Et ils étaient là dans le Désert, comme de sinistres prophètes qui se retiraient du monde pour ne pas être enveloppés dans sa ruine; car ils prévoyaient la colère à venir.

Ils abandonnaient avec un dédain sublime la terre aux voleurs, qui se la partageaient, selon le précepte du Christ : *Si l'on veut te prendre ta robe, abandonne aussi ton manteau.*

Et les usurpateurs n'ont pas été attendris de tant de résignation et d'un si noble sacrifice ; ils n'ont pas senti tout ce qu'il y avait de dévoûment dans une telle abnégation !

Ils ont ri, et ils ont bu et mangé; et Dieu s'est retiré d'eux avec dégoût.

C'est pourquoi, après la protestation par l'amour, doit venir la protestation par la colère.

Ils n'ont pas écouté les anges de paix, qu'ils tremblent devant les anges exterminateurs !

Pauvres et affamés, combien êtes-vous, et combien sont-ils? Votre vie est une mort lente et honteuse; échangez-la contre une mort prompte et glorieuse, ou contre une victoire qui vous fera vivre. Voilà ce que crie l'esprit exterminateur.

Et moi, je pleure et je me couvre la tête de cendre, et je crie à Dieu et au peuple : grace!... et ils me répondent : *Il n'y a plus de grace.*

Arrière, honnêtes gens, engraissés de rapines et qui avez fait des vertus à votre image ; arrière, hypocrites, qui partagez avec les voleurs et qui prêchez la résignation à celui qu'on dépouille ; laissez passer la justice de Dieu.

Car je vous le dis en vérité, quiconque vous tue n'est pas un assassin, c'est un exécuteur de la haute justice.

Et celui qui vous reprend l'or dont vous êtes gorgés aux dépens du pauvre, n'est pas un voleur, c'est un huissier de Dieu, qui vous contraint par corps à payer vos dettes.

Puisque vous n'êtes plus des hommes, nous vous chasserons comme des bêtes féroces, et si vous avez dévoré nos pères, peut être ne dévorerez-vous pas nos enfans.

Voilà ce que le peuple crie avec une voix pareille à celle de l'ouragan ; et moi je couvre mon visage de mon vêtement déchiré, et je frissonne à l'odeur du feu et du sang.

XXV.

L'ESCLAVAGE.

Tant que la propriété ne sera pas abolie, la servitude n'aura pas disparu de la terre.

Qu'importe que nous soyons liés avec des chaînes de fer ou avec des chaînes d'or !

Le paresseux qui se laisse mourir de faim, peut dire qu'il est résigné comme vous.

Se résigner, lorsqu'on peut combattre, c'est commettre à-la-fois une trahison contre ses frères et un suicide contre soi-même.

Celui qui se tue, parce que la société lui refuse la vie, se fait le bourreau des tyrans, et mérite la mort qu'il se donne. Pourquoi se charge-t-il d'exécuter les crimes de ses assassins?

Frère sans cœur, qui laisse ses frères entre les dents des bêtes et qui s'enfuit!

Soldat sans honneur, qui déserte les drapeaux de l'humanité souffrante!

Jeune homme qui veux mourir, écoute : Si tu es le plus criminel des hommes, avant de délivrer la terre de toi-même, rends-lui un service qui puisse te consoler à la mort : délivre-la d'un de tes pareils.

Si tu es vertueux, sois juge des brigands qui t'oppriment; résiste-leur, tu ne mourras pas au moins sans avoir fait quelque chose pour tes frères; tu leur laisseras un exemple à suivre, et tu donneras ta vie pour eux.

Les premiers chrétiens, lorsqu'ils voulaient mourir, allaient renverser les idoles; eh bien! renverse au moins, par la parole, ces idoles de chair et de fange que l'on révère, parce qu'elles sont couvertes d'or; on te traînera devant les juges; là, tu rendras témoignage au peuple, crucifié, mort et ressuscité, et tu mourras peut être dans les cachots des malfaiteurs!

Mais n'attente pas à tes propres jours; car le suicide est aussi coupable que l'assassin.

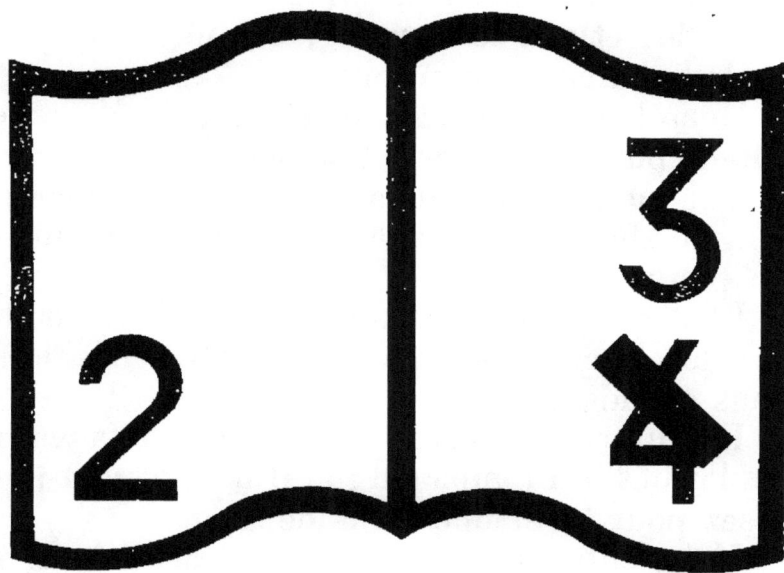

Pagination incorrecte — date incorrecte

NF Z 43-120-12

Aime, prie et travaille, afin que l'amour se répande, et que le meurtre, enfant de l'égoïsme et de la haine, soit anéanti.

Hélas! comment les enfans du père de famille ont-ils pu se résoudre à tuer leur frère!

J'ai vu la place où la terre saignait encore du sang d'Abel, et sur cette place passait un ruisseau de pleurs.

Et des myriades d'humains passaient conduits par les siècles, en laissant tomber des larmes dans ce ruisseau.

Et l'Eternité, accroupie et morne, contemplait les larmes qui tombaient; et il n'y en avait jamais assez pour laver une tache de sang.

Mais, entre deux multitudes et deux âges, vint le Christ, pâle et rayonnante figure.

Et dans la terre du sang et des larmes, il planta la vigne de la fraternité, et les larmes et le sang devinrent la sève délicieuse du raisin qui doit enivrer d'amour les fils de l'avenir.

XXXI.

LA PIETÉ.

L'impie est celui qui absorbe son frère; l'homme pieux est celui qui s'épanche dans l'humanité.

Si le cœur de l'homme concentre en lui-même le feu dont Dieu l'anime, c'est un enfer qui dévore tout et ne se remplit que de cendres ; s'il le fait rayonner au dehors, il devient un doux soleil d'amour.

La loi du Christ n'a favorisé la compression volontaire, que pour causer, par une réaction infaillible, une effusion plus abondante.

Ne savez vous pas qu'il a été dit à l'homme : « Ne » t'appropric pas les dons de Dieu ; mais renvoie le » fruit des grâces à l'auteur de la grâce ? »

Et ne vous rappelez-vous pas la parabole des talents, et comment le mauvais serviteur fut blâmé, pour n'avoir pas fait fructifier les biens de son maître, en les mettant dans le commerce ?

Le chrétien égoïste qui s'isole de ses frères, pour faire ce qu'il appelle son salut, ressemble à ce mauvais serviteur.

Car l'homme ne peut se sauver qu'en se perdant pour le salut de tous.

Le Christ est venu faire cesser l'individualisme, et constituer l'association dans l'unité ;

Afin que chacun vive dans tous, et tous dans chacun.

Il est venu dissoudre les familles, pour former une seule famille, et c'est pourquoi il disait à sa mère : *Femme, qu'y a-t-il entre vous et moi ?*

Et en regardant le peuple qui écoutait sa parole, il disait encore : *Voici ma mère et voici mes frères !*

Et en léguant sa mère à son disciple : *Femme, voilà votre fils.*

Il est venu détruire toutes les nations, pour n'en faire qu'une seule nation de frères, dont l'amour et la vérité seront le roi et la reine.

Et c'est pourquoi il protestait contre le monde égoïste qu'il venait détruire, et s'enfuyait sur la montagne, lorsqu'on voulait le nommer *roi des Juifs*.

Et lorsque cette nation contemptrice des autres nations lui demandait si l'on pouvait payer le tribut à César, il demanda à voir une pièce d'argent, et à la vue de ce symbole de l'égoïsme, il dit avec mépris : « Rendez à César ce qui est à César, » la servitude à la tyrannie ; la corruption au maî- » tre des hommes corrompus ! Tant que la pro- » priété existera, vous serez esclaves ; et qu'im- » porte que ce soit de Carphe ou de César ? Mais » l'amour, mais l'intelligence, mais la liberté, c'est » cela que Dieu vous demande pour tous, parce » qu'il l'a donné à tous : Rendez à Dieu ce qui est à » Dieu ! »

Rendre à Dieu ce qui est à Dieu, c'est se donner tout entier aux autres hommes ; car Jésus n'a-t-il pas dit, parlant au nom de Dieu même : « Ce que vous aurez fait au moindre de vos frères, c'est à moi que vous l'aurez fait ? »

Et saint Jean : celui qui n'aime pas les hommes qu'il voit, comment peut-il aimer Dieu qu'il ne voit pas ? Cet apôtre était le seul entre les douze qui eût reposé sa tête sur le cœur de Jésus : aussi a-t-il écrit la révélation du règne de la liberté dans sa mystérieuse Apocalypse.

Et dans sa vieillesse, il répétait toujours : « mes » petits enfans, aimez-vous les uns les autres ; car » c'est toute la loi du Seigneur.

XXXII.

LE PRÊTRE.

Quel avenir ferons-nous à notre fils ? ont dit des parens insensés ; il est faible d'esprit et de corps, et son cœur ne donne pas encore signe de vie.

Nous en ferons un prêtre, afin qu'il vive de l'autel.

Et ils n'ont pas compris que l'autel n'est pas une mangeoire pour les animaux fainéans.

Un enfant, au contraire, est né d'une famille pauvre, et son esprit et son cœur ont aspiré presqu'en naissant à la science et à l'amour.

Et l'église lui a dit : *Viens sur mon sein ; il a un lait pur pour ta lèvre, et des étreintes pour ton cœur.*

Et le pauvre enfant a renoncé à sa famille pour devenir le père de tous les orphelins. Il a renoncé à des choses qu'il ne connaissait pas encore, et, avant de savoir ce que c'est que d'être homme, il a espéré d'être un ange.

Car il se sentait déjà enlevé au ciel sur les ailes de la poésie et de l'amour.

Mais les prêtres ont regardé cet enfant comme un rêveur et comme un fou, ils lui ont dit : *Abjure ta pensée, et dévore ton cœur.*

Ne cherche pas Dieu, obéis-nous ; ne pense pas, écoute et crois : n'aime pas, fais notre métier.

Et le cœur du jeune homme s'est pris d'un grand

ennui et d'un profond désespoir ; et il a dit : je me consolerai en faisant du bien aux malheureux ; on ne me défendra pas d'obéir à Jésus-Christ.

Et il a trouvé une pauvre orpheline rejetée de tous, parce qu'elle était malade et sans pain ; et il l'a appelée ma fille.

Il l'a fait asseoir au banquet de Dieu ; et il lui a dit : « Ma fille, je suis pauvre comme vous ; » mais ce que j'ai, je vous le donne ; mes prières, « mes larmes et mon cœur. »

Alors la pauvre enfant a levé les yeux vers son ami et lui a dit : personne encore ne m'avait parlé comme vous me parlez ; aussi je vous aime, comme je n'ai jamais aimé personne.

Le jeune Lévite alors a rembruni son front et a pleuré. Que se passait-il dans son cœur ?

Depuis ce jour, il a repoussé la jeune fille qui revenait toujours à lui, en lui disant : que vous ai-je fait, et pourquoi n'êtes-vous plus mon ami ? Est-ce que je fais mal de vous aimer ?

Le jeune homme alors lui tendait une main qu'elle couvrait de larmes, et il paraissait horriblement souffrir.

Et il est allé trouver un vieillard au cœur sévère, et lui a fait l'aveu de ses souffrances.

Le vieillard, d'un geste menaçant, l'a banni loin de l'autel.

Mais hélas ! le cœur du jeune homme était enchaîné au sanctuaire par un vœu qu'il ne pouvait rompre ; et en s'éloignant, il a senti sa poitrine se déchirer, et son cœur tomber tout sanglant sur le marbre du sanctuaire.

Ce jeune homme avait une mère vieille et

infirme , qu'il espérait nourrir des offrandes de l'autel.

La pauvre femme a vu la douleur de son fils et ne l'a pas affligé davantage par des plaintes ; mais elle s'est enfermée seule dans sa pauvre demeure, et on l'a trouvée morte le soir.

Le jeune homme a été depuis ce jour errant comme Caïn, quoique son cœur fût doux et soumis comme celui d'Abel.

La jeune fille pour laquelle il s'était perdu, a vu sa peine, et s'est retirée avec dédain ; et lui ne s'en est pas offensé ; car il ne pouvait plus lui faire aucun bien, et il ne l'aimait que pour elle.

Il est allé par le monde, conversant avec les maudits et consolant les malheureux ; car, si sur l'océan de fiel dont son cœur était noyé un peu de miel surnageait encore, il le recueillait avec soin et le distribuait à ses frères.

Seul et sans ressource, il serait mort de faim en encourageant les pauvres ; mais il trouva des samaritains charitables. Les prêtres l'avaient repoussé, un pauvre histrion le nourrit, et fit plus encore : il l'aima.

Or, je vous demande comment seront traités, au jugement de Dieu, le Lévite qu'ils ont appelé apostat, les prêtres orgueilleux, et le pauvre histrion ?

Et je vous demande encore, vous tous qui cherchez le bien dans la sincérité de votre cœur, auquel de tous ceux-là voudriez-vous ressembler ?

Le Lévite a eu tort d'aimer, après avoir fait vœu d'être ministre de l'autel.

Un prêtre est donc nécessairement un homme sans amour ?

C'est alors un être plus vil que l'animal ; car l'animal a des affections et des sympathies.

Aussi, regardez la plupart des prêtres, et jugez.

Que disent à votre cœur ces hommes gras, aux yeux sans regards, aux lèvres pincées ou béantes?

Ecoutez-les parler? que vous apprend ce bruit désagréable et monotone?

Ils prient comme ils dorment, et ils sacrifient comme ils mangent.

Ce sont des machines à pain, à viande, à vin, et à paroles vides de sens.

Et lorsqu'ils se réjouissent comme l'huître au soleil, d'être sans pensée et sans amour, on dit qu'ils ont la paix de l'âme.

Ils ont la paix de la brute; et pour l'homme celle du tombeau est meilleure. C'est pourquoi, au lieu de leur ressembler, je préfère mourir!

Je suis ce Lévite apostat dont je viens de conter la douloureuse histoire.

Et je bénis le Dieu des malheureux de m'avoir donné cette abondante part de son calice.

Et à tous ceux qui me condamnent, je réponds avec Jésus-Christ : qui d'entre vous pourra me convaincre de péché?

Et quand même je serais coupable, que celui d'entre vous qui est sans péché me jette la première pierre.

Mais je devais ressembler au maître dont il est écrit qu'il a été compté au nombre des méchans.

Eh bien! je vous salue, mes frères les proscrits, les Parias, les excommuniés et les condamnés!

Je viens vous présenter les épis déjà blanchissans de la moisson nouvelle, de la moisson que j'ai arrosée de mes larmes.

Au nom du Christ que les Pharisiens ont méprisé, comme moi, pour s'être laissé toucher par une femme pécheresse ;

Qu'ils ont condamné, comme moi, pour avoir prêché l'amour et la liberté,

Et qu'ils ont fait mourir entre deux voleurs, comme je mourrai peut-être un jour !

Je vous convie aux noces que le père de famille prépare à son fils bien-aimé.

Venez à moi, vous tous qui souffrez et qui êtes chargés, et je vous soulagerai.

Car j'ai souffert tout ce qu'on peut souffrir de plus dur au monde, et j'ai encore dans le cœur des joies ineffables que je veux partager avec vous.

Ce qu'on souffre pour l'amour augmente l'amour ; et ce qui augmente l'amour, augmente le bonheur.

XXXIII.

L'ORIGINE DU MAL.

Celui qui cherche l'origine du mal, cherche ce qui n'est pas.

Le mal est l'appétit du bien ; or, le bien se désire lui-même : donc, en ce qu'il a d'existence réelle, le mal est un commencement du bien.

La faim est-elle une souffrance ou le commencement d'un plaisir?

Dieu seul existe réellement; et Dieu, c'est le bien infini.

Mais, dans les rêves de notre intelligence imparfaite, nous accusons le travail de Dieu, parce que nous ne comprenons pas la pensée éternelle de l'ouvrier céleste.

Nous ressemblons à l'ignorant qui juge le tableau sur la première ébauche, et qui dit, lorsque la tête est faite : cette figure n'a donc pas de corps?

Rien de ce qui est arrivé dans le monde, depuis le commencement, n'a été un mal; le bien a germé lentement, et la terre s'est remuée pour faire place aux célestes épis.

Les hommes ont commencé par être presque des animaux : il leur fallait alors des bergers pour les tondre et les mener paître.

Car sachez que toute puissance qui s'établit sur les hommes, représente le règne actuel de Dieu sur ces hommes-là.

Dieu règne davantage où il est plus compris et plus aimé; où ne sont pas l'intelligence et l'amour, la force brutale doit triompher et elle est un moyen d'existence.

Et elle est Dieu pour les animaux; parce qu'elle est ce que Dieu a voulu manifester en eux.

Ne vous récriez donc jamais sur la dureté des tems et sur l'injustice des dominations; car tous les tems sont bons et tous les pouvoirs sont justes dans leur tems.

Quand les peuples grandissent, ils brisent naturellement et sans efforts les lisières de leur enfance : la souveraineté du peuple n'est pas un droit, c'est un fait, c'est la souveraineté de Dieu.

Néron, c'était le peuple romain de son époque. dignement représenté par un homme ; aussi le peuple l'adorait.

Si un troupeau de moutons était tout-à-coup transformé en une troupe d'hommes ou de lions, croyez-vous qu'il obéirait encore au chien et au berger ?

Tant que le peuple obéit, le pouvoir est juste ; car les masses n'obéissent qu'à Dieu.

Que parlez-vous donc de tyrannie, de crimes et de meurtres? parlez de guerre, on vous comprendra ; car la guerre existe entre le grain et son enveloppe que le germe tend à briser.

L'animal tue et dévore ; est-il coupable? non ; il obéit à son instinct.

Pour vous défendre de l'animal, vous le tuez ; êtes-vous coupable? non; vous avez le droit de conserver votre vie.

Pourquoi donc parlons-nous des droits de l'homme? pourquoi crions-nous vengeance? pourquoi appelons-nous le peuple aux armes?

C'est pour voir si, dans quelques animaux, ne se réveilleront pas des cœurs d'hommes, afin que le travail du développement soit avancé.

Nous proférons des paroles de colère, pour faire peur à des enfans ; mais nous ne haïssons personne.

Le tyran est une bête vorace qui se gonfle de chair saignante ; nous le croyons utile dans son tems, puisque Dieu l'a fait ; et nous lui ferons la chasse sans le haïr ; car on ne hait ni le tigre, ni le lion, lorsqu'on cherche à les détruire.

Tout meurtrier est ou un animal qui dévore un homme, ou un homme qui se délivre d'un animal dévorant.

Et j'ai vu les animaux voraces, constitués en assemblée, juger et condamner un homme qui avait tué un de leurs pareils : ils appelaient cela la justice. J'en aurais si cela ne m'avait pas fait une profonde pitié.

Mais la société qui souffre de pareilles choses, est encore une société où le principe animal domine : pourquoi s'en irriter ? l'heure n'est pas venue ; il faut travailler et attendre.

Tout arrive dans son tems, et c'est pourquoi tout est bien. Le progrès modifie l'opinion et l'opinion est reine du monde.

Quand nous prêchons la liberté, prétendons-nous qu'on déchaîne les tigres ? non : car nous serions dévorés.

Et quand nous parlons de fraternité, voulons-nous associer les brebis avec les loups, et les pourceaux avec les petits enfans ?

Non : mais nous voulons d'abord qu'on chasse de la société humaine, les loups, les tigres et les pourceaux.

Ce n'est pas la figure, ce sont les mœurs, c'est l'intelligence et l'amour qui font l'homme.

Car, pour être moins adroit et moins agile ; pour avoir le museau un peu moins long, le crétin vaut-il mieux qu'un singe ?

Avant d'être égaux, il faut que tous soient hommes : autrement il nous faudrait redresser les ânes, ou retomber nous-mêmes à quatre pattes.

Eprouvez l'homme avec la verge et avec l'amour.

S'il obéit à l'amour, qu'il soit votre frère ; s'il n'écoute que la verge, faites-en votre bête de somme.

Celui qui, au milieu d'un peuple abruti, conspire contre le despotisme, conspire contre sa patrie et mérite la mort.

Que cependant celui que l'esprit de liberté tourmente au milieu des esclaves, ne l'étouffe pas dans son sein. Qu'il voie s'il consent à être coupable et puni, pour devenir le germe du salut à venir.

Car sa parole ne mourra point ; et elle travaillera au sein des esclaves qui l'auront tué, et elle y produira, dans son tems, des cœurs d'hommes.

Alors le martyr ressuscitera glorieux et sera proclamé sauveur.

Ne craignons pas de le répéter : le Christ a été justement puni de mort, selon les lois de son tems ; mais sa mort a brisé la justice pour la renouveler et l'agrandir.

Et c'est pourquoi il disait en mourant : Père, pardonnez-leur, car ils ne savent ce qu'ils font.

Ainsi voyez combien la haine est un sentiment absurde ; et ne croyez pas aux méchans.

Les hommes vertueux sont les premiers épis mûrs ; arracherez-vous, pour cela, la moisson encore verte ?

C'est Dieu qui choisit ceux qui mûrissent les premiers ; et c'est là le petit nombre des élus.

Car chaque année a ses épis précoces qui doivent fournir la semence de l'année suivante.

8

Ce sont les saints et les prophètes de tous les tems ; mais le reste de la moisson mûrira et pas un grain ne sera perdu. En quoi donc peut s'énorgueillir celui qui est appelé le premier?

Il a la gloire de souffrir comme le Christ : car n'étant pas de son époque, il n'est pas compris et passe pour un fou et pour un impie.

Et ceux qui le persécutent ne font pas mal, en un sens : car ils agissent selon leur conscience et la mesure de lumière que Dieu a donnée à leur tems.

C'est dans ce sentiment qu'il doit mourir en paix, en priant Dieu pour ses bourreaux.

Conservez donc en vous la confiance de l'amour, et ne croyez qu'au bien : vous conserverez la paix de votre cœur.

XXXIV.

LE PROGRÈS.

Si le progrès de l'humanité n'est qu'un rêve, Dieu et la liberté ne sont que des mots.

Le mal existe, et le bien absolu n'est pas.

Deux principes opposés se disputent le monde : il y a deux Dieux ; donc il n'y a pas de Dieu.

Donc rien n'existe ; car Dieu c'est tout.

Que celui qui a de l'intelligence comprenne et médite.

L'ébauche d'un peintre habile est bien, pour une

ébauche ; mais sera t-il un peintre, même médiocre, s'il ne sait pas la terminer ?

Supposez le progrès, tout est bien dans le monde ; sans le progrès, tout est mal.

Le progrès est le fondement de la foi, le soutien de l'espérance, et le consolateur de l'amour.

Vous demandez pourquoi tant de nations ont péri, après avoir éclairé le monde de leur gloire ?

Je vous réponds que les nations se succèdent comme les hommes, et que rien n'est stable, parce que tout marche vers la perfection.

Le grand homme qui meurt lègue à sa patrie le fruit de ses travaux ; la grande nation qui s'éteint sur la terre, se transfigure en une étoile, pour éclairer le ciel de l'histoire.

Ce qu'elle a écrit par ses actions, reste gravé dans le livre éternel ; elle a ajouté une page à la bible du genre humain.

Ne dites pas que la civilisation est mauvaise ; car elle ressemble à la chaleur humide qui mûrit les moissons ; elle développe rapidement les principes de vie et les principes de mort ; elle tue et elle vivifie.

Elle est comme l'ange du jugement qui sépare les méchans du milieu des bons.

La civilisation transforme en ange de lumière les hommes de bonne volonté ; et rabaisse l'égoïste au-dessous de la brute.

Nous sommes encore dans l'enfance de l'humanité ; c'est pourquoi la civilisation a fait périr les masses en révélant en elles le principe d'abrutissement.

Mais, du milieu de cette matière corrompue, le

soleil, dès le commencement, a dégagé des hommes et des anges.

Hénoch fut enlevé vivant au ciel, et laissa un livre gravé sur la pierre ; Hermès et Orphée recueillirent l'âme d'un monde enseveli sous le déluge ; Socrate et Pythagore, Platon et Aristote s'élèvent encore vivans sur les ruines de la civilisation des Grecs ; Homère semble avoir conversé avec les auteurs de la Bible ; et il ne nous reste, des grandeurs de Rome, que les écrits immortels qu'élabora le siècle d'Auguste.

Ainsi, Rome n'avait peut-être ébranlé l'univers de ses guerrières convulsions, que pour enfanter son Virgile.

Le christianisme est le fruit de toutes les méditations des Sages de l'Orient, qui revivent en Jésus Christ.

Ainsi, la lumière des esprits s'est levée où se lève le soleil du monde ; le Christ a conquis l'Occident, et les doux rayons du soleil de l'Asie ont touché les plus noirs glaçons du Nord.

Remuées par cette chaleur inconnue, des fourmillières d'hommes nouveaux se sont répandues sur un monde épuisé ; les âmes des peuples morts ont rayonné sur les peuples nouveaux, et ont augmenté en eux l'esprit de vie.

Et il s'est trouvé une nation qui, comme le foyer du miroir ardent, a réuni tous les rayons de la civilisation nouvelle, et, de ce faisceau de lumière, est sortie une femme belle comme Dieu même ; et le peuple élu l'a saluée du nom de Liberté !

C'est alors que la révélation de Dieu au monde a reçu son complément.

La femme est remontée au ciel ; mais le peuple en a gardé le souvenir dans son cœur.

Les premiers amans de la Liberté sont morts pour elle ! les premiers épis mûrs ont été moissonnés !

Le regard de cette beauté dévorante a brûlé tous les cœurs qui l'ont aimée, et ils se sont absorbés en elle ; et ils vivent en elle, non plus comme individus, mais comme pensée et amour.

Les autres, qui ne l'ont pas comprise, ont été aveuglés par la lumière et se sont abrutis : croyez-vous que pour cela l'humanité n'a pas marché ?

Croyez-vous que le serment du Jeu-de-Paume ait été une rumeur jetée au vent, et que la liberté ait péri sur l'échafaud de Robespierre ?

Croyez-vous que tout Napoléon soit mort à Sainte-Hélène, et qu'il ne reste que des cendres glacées dans la plaine de Waterloo ?

Le grain se pourrit ; c'est que le germe va paraître. La France est morte martyre pour le monde ; elle vit maintenant ressuscitée dans tous les peuples que remue le saint nom de la liberté !

Pourquoi regardez-vous dans l'antre où les bourreaux l'avaient jetée ? vous n'y trouverez que de la cendre et des vers qui rongent les lambeaux d'un linceul.

Elle est ressuscitée, elle n'est plus ici ; pourquoi cherchez-vous les vivans parmi les morts ?

La France a accompli sa mission sur la terre ; elle est morte martyre, et elle règne maintenant dans le ciel.

La France n'est plus une Nation, mais une grande idée nationale ; ce n'est plus un peuple, c'est une gloire ; ce n'est plus une république, c'est la liberté du monde ; ce n'est plus une portion de terre , c'est l'avenir de l'univers entier.

La France a été et elle n'est plus ; et elle sera encore plus grande et plus glorieuse.

France , veut dire liberté ; et ce nom conviendra un jour à l'humanité tout entière.

YXXV.

L'AVENIR.

Les animaux continueront de s'entre-dévorer jusqu'à la fin ; l'homme seul est immortel.

Et quand il y aura dans l'humanité plus d'hommes que de brutes, commencera l'association des hommes libres.

Et Dieu bénira ce peuple et lui dira : *Croissez et multipliez-vous.*

Mais avant ce tems, les fourmillières du Nord doivent renouveler la terre une seconde fois ; car la forme de notre société est usée, et son âme veut passer à des peuples nouveaux.

Alors tout se constituera selon la loi de l'unité

J'ai dit aux pauvres : *Dévorez les riches ;* et aux esclaves : *Egorgez les tyrans ; parce que les riches et les tyrans doivent périr.*

Mais les voleurs du riche deviendront riches à leur tour ; les esclaves deviendront tyrans, et trouveront leur punition dans leur victoire.

L'esprit de liberté sauve les hommes d'intelligence et d'amour, en les sacrifiant, et tend un piége aux hommes d'égoïsme et de rapines.

Voleurs contre voleurs, assassins contre assassins, ruez-vous, battez-vous, égorgez vous, entre-déchirez-vous.

Les hommes d'avenir sont autour du camp comme les soldats de Gédéon ; ils brisent leur vie comme un vase d'argile, et élèvent dans leurs mains des lampes de feu en sonnant de la trompette.

Ils ne tireront pas l'épée ; leur parole suffira, et les Madianites s'entre-tueront.

Anges de la guerre et de la mort, volez sur les ailes rouges de l'incendie, et annoncez à la terre la chute de la grande Babylone !

Voici la solution des nombres, et la démonstration éternelle de l'unité.

Un peuple, un Dieu, une loi, un roi.

Et Dieu sera le peuple ; et la loi sera Dieu, et le roi sera la loi.

La justice et la paix régneront sur tous ; et elles auront pour interprète un serviteur du peuple, assisté d'un conseil d'hommes sages, gardien des trésors de l'Etat.

Les trésors de l'Etat seront la sagesse et l'amour ; l'or ne servira plus que pour faire des statues aux grands hommes.

Le roi sera un homme de peine qui se sacrifiera pour tous : aussi désirera-t-il être soulagé de ce fardeau ; et il n'y aura plus d'ambition que dans un plus grand amour des hommes.

La parole du roi sera la parole de la loi ; aussi

sera-t-elle juste comme la balance et tranchante comme l'épée.

Car le roi sera le représentant du peuple, et le peuple seul sera monarque et pontife suprême : l'homme vivra et régnera immortel ; et ce sera l'homme-Dieu, le peuple-Christ, le Verbe incarné.

Et le Christ devenu peuple, remettra le monde entre les mains de son père, et ira s'asseoir à la droite de Dieu.

Et son règne n'aura pas de fin. Amen.

XXXVI.

LE TEMPLE.

Lorsque l'esprit se sera révélé, toute la trinité se manifestera dans sa gloire.

L'humanité ressuscitée aura la grâce de l'enfance, la vigueur de la jeunesse et la sagesse de l'âge mur.

Toutes les formes qu'a successivement revêtues la pensée divine, renaîtront immortelles et parfaites.

Tous les traits qu'avait esquissés l'art successif des nations, se réuniront, et formeront l'image complète de Dieu.

Jérusalem rebâtira le temple de Jéhova sur le modèle prophétisé par Ézéchiel ; et le Christ, nouveau et éternel Salomon, y chantera, sous des lambris de cèdres et de cyprès, ses noces avec l'épouse du cantique.

Mais Jéhova aura déposé sa foudre pour bénir des deux mains le fiancé et la fiancée : il apparaîtra souriant entre les deux époux, et se réjouira d'être appelé père.

Cependant la poésie de l'Orient, dans ses magiques souvenirs, l'appellera encore Brama et Jupiter. L'Inde apprendra à nos climats enchantés les fables merveilleuses de Wischnou, et nous essaierons, au front encore sanglant de notre Christ bien-aimé, la triple couronne de perles de la mystique Trimourti. Vénus purifiée, sous le voile de Marie, ne pleurera plus désormais son Adonis ; l'Époux est ressuscité pour ne plus mourir, et le sanglier infernal a trouvé la mort dans sa passagère victoire.

Relevez-vous, temples de Delphes et d'Ephèse ; le Dieu de la lumière et des arts est devenu le Dieu du monde, et le Verbe de Dieu veut bien être nommé Apollon ! Diane ne régnera plus veuve dans les champs solitaires de la nuit ; son croissant argenté est maintenant sous les pieds de l'épouse.

Mais Diane n'est pas vaincue par Vénus, son Endymion vient de se réveiller, et la virginité s'enorgueillit d'être bientôt mère.

Sors de la tombe, ô Phidias, et réjouis-toi de la destruction de ton Jupiter : c'est maintenant que tu vas enfanter un Dieu !

O Rome ! que tes temples se relèvent à côté de tes basiliques ; sois encore la reine du monde et le Panthéon des nations ; que Virgile soit couronné au Capitole par la main de saint Pierre, et que

8.

l'Olympe et le Carmel unissent leurs divinités sous le pinceau de Raphaël !

Transfigurez-vous, antiques cathédrales de nos pères ; élancez, jusques dans les nues, vos flèches ciselées et vivantes, et que la pierre raconte, en figures animées, les sombres légendes du Nord égayées par les apologues dorés et merveilleux du Coran.

Que l'Orient adore Jésus-Christ dans ses mosquées, et que, sur les minarets d'une nouvelle Sainte-Sophie, la croix s'élève au milieu du croissant !

Que Mahomet affranchisse la femme, pour donner au vrai croyant les houris qu'il a tant rêvées ; et que le Christ se console de son long veuvage parmi les anges de Mahomet.

Toute la terre revêtue des riches ornemens que lui ont brodés tous les arts, ne sera plus qu'un temple magnifique dont l'homme sera le prêtre éternel.

Tout ce qui a été vrai, tout ce qui a été beau, tout ce qui a été doux dans les siècles passés, revivra glorieux dans cette transfiguration du monde : et la forme restera inséparable de l'idée, comme le corps sera un jour inséparable de l'âme ; quand l'âme parvenue à toute sa puissance se sera fait un corps à son image.

Ce sera là le royaume du ciel sur la terre ; et les corps seront les temples de l'âme, comme l'univers régénéré sera le temple de Dieu.

Et les corps et les âmes, et la forme et la pensée, et l'univers entier seront Dieu.

Amen ! amen ! amen !

XXXVII.

AUX ISRAÉLITES.

Enfans d'Israël, pourquoi, au milieu du mouvement des nations, restez-vous immobiles, comme si vous gardiez les tombeaux de vos pères?

Vos pères ne sont pas ici ; ils sont ressuscités : car le Dieu d'Abraham, d'Isaac et de Jacob n'est pas le Dieu des morts !

Pourquoi imprimez-vous toujours à votre génération la marque sanglante du couteau? Dieu ne veut plus vous séparer des autres hommes ; soyez nos frères, et mangez avec nous les hosties pacifiques sur des autels que le sang ne souille jamais.

La loi de Moïse est accomplie : lisez vos livres, et comprenez que vous avez été un peuple aveugle et dur, comme le disent tous vos prophètes !

Enfans d'Israël, devenez les enfans de Dieu ; comprenez et aimez.

Vous avez eu une grande foi et une grande espérance ; et vous ne serez pas trompés dans votre attente.

Le règne du nouveau Salomon va vous réunir enfin dans votre patrie : rassemblez vos richesses, prenez vos habits de fête, annoncez à vos familles la nouvelle heureuse, et préparez-vous à repasser les mers.

Dieu a effacé de vos fronts le signe de Caïn; et les peuples, en vous voyant passer, ne diront plus :

Voilà les Juifs ! ils s'écrieront : *Place à nos frères ! place à nos aînés dans la foi !*

Et nous irons, tous les ans, manger la Pàque avec vous dans la Jérusalem nouvelle.

Et nous nous reposerons sous votre vigne et sous votre figuier ; car vous serez encore les amis du voyageur, en souvenir d'Abraham, de Tobie et des anges qui les visitaient.

Et en souvenir de celui qui a dit : celui qui reçoit le plus petit d'entre vous, me reçoit moi-même.

Car désormais, vous ne refuserez plus un asile dans votre maison et dans votre cœur à votre frère Joseph, que vous avez vendu aux nations.

Parce qu'il est devenu puissant dans la terre d'Egypte, où vous cherchiez du pain pendant les jours de la stérilité.

Et il s'est ressouvenu de son père Jacob et de Benjamin, son jeune frère ; et il vous pardonne votre jalousie, et il vous embrasse en pleurant !

———

XXXVIII.

AUX CHRETIENS.

Chrétiens, prosternez-vous et baisez la terre ; le Dieu crucifié vient de mourir !

La terre tremble : les morts ressuscitent et le voile du sanctuaire se déchire : le soleil a caché sa

face ; car le peuple achève son agonie : les der-
nières gouttes de sang coulent avec lenteur des
veines déchirées du peuple martyr. Sa poitrine se
gonfle et s'abaisse, le râle de la mort entr'ouvre
ses lèvres sèches et livides, les Pharisiens l'insultent, et il crie : mon Dieu! mon Dieu ! pourquoi
m'as-tu abandonné? sa tête tournoie et retombe sur
sa poitrine ; elle se relève..... laisse échapper un
cri terrible et retombe affaissée.

Chrétiens, prosternez-vous et baisez la terre ; le
Dieu crucifié vient de mourir !

Les satellites de l'égoïsme se sont partagé la terre
comme les dépouilles de la victime ; et ce qu'ils
n'ont pu diviser, ils l'ont jeté au sort.

O chrétiens! votre religion veuve et désolée se
tient comme Marie debout au pied de la croix et,
noyée dans une mer d'amertume, elle pleure et
ne veut pas être consolée, parce que son fils n'est
plus.

Et elle dit à tous ceux qui passent par le chemin :
regardez et voyez s'il est une douleur semblable
à ma douleur. Et comment pourrai-je vous consoler? allez, enfans de Dieu, allez ! car la main de
Dieu m'a frappée, et je dois rester seule dans ma
désolation et mon veuvage.

O chrétiens ! Pourquoi tourmentez-vous les
mamelles épuisées de celle dont l'enfant est mort?
achetez des parfums et allez au tombeau dont les
prêtres ont scellé la pierre : le Christ ne vous
laissera pas orphelins, il reviendra vers vous.

XXXIX.

AUX MUSULMANS.

Enfans des croyans, nous chanterons avec vous :
Il n'y a pas d'autre Dieu que Dieu, et Mahomet
est son prophète !

Dites avec les enfans d'Israël : Il n'est point
d'autre dieu que Dieu, et Moïse est son prophète !

Dites avec les chrétiens : Il n'y a point d'autre
dieu que Dieu, et Jésus-Christ est son prophète !

Elevez un autel dans vos mosquées, et sur cet
autel vous mettrez la Bible, et sur la Bible l'Évangile, et sur l'Évangile le Coran : vous comprendrez
la Trinité.

Le Coran a été la prophétie du règne de l'esprit :
il venge l'unité divine d'une trinité mal entendue ;
à la résignation il allie la guerre sainte, il établit
en tout et partout le règne de Dieu seul. Il ne veut
pas qu'il y ait d'esclaves parmi les croyans ; mais
il réunit toutes les volontés dans une volonté
unique.

Tout en assujétissant la femme pour un tems,
selon la loi du péché, il la transfigure et la déifie.
La femme esclave n'est qu'une chair sans âme ;
mais la femme libre et régénérée est la félicité du
ciel ; et l'éternité rayonne dans le sourire des houris. Un jour les vrais croyans, pour prix de leurs
vertus, régneront aux pieds de la femme ; et leur
récompense sera un mariage éternel.

Le croissant, image de la porte mystérieuse de la

vie, apparaît à-la-fois sur le front de Diane, sous les pieds de Marie et sur le sommet de vos temples : c'est la porte du ciel que la clef de l'amour doit ouvrir : c'est le symbole trinitaire de la femme.

Que la croix élève son étendard au milieu du croissant, et complète la figure mystique du lingam, par l'unité d'un triple Phallus ; et ce sera l'ancre de l'espérance qui fixera l'arche des nations.

Jésus va épouser la plus belle des houris : la liberté sainte qui vient de vous apparaître, et dont le doux regard a fait tressaillir l'Orient.

Venez, il vous invite au banquet de son alliance ; et il changera pour vous l'eau des urnes de pierre en des fontaines d'un vin délicieux.

Et, au festin des noces, sur trois trônes égaux, trois prophètes seront assis : Jésus, le fiancé, sera au milieu, parce qu'il est venu au milieu des tems : Moïse sera à sa gauche et Mahomet à sa droite.

La robe de Mahomet sera toute d'or et d'émeraudes ; son turban sera bleu et étoilé de diamans comme le ciel.

L'arbre Tuba fera, de ses branches courbées sous les fruits, un dais à la table céleste.

Et l'épouse sera blanche comme la lune, et vermeille comme le sourire de l'aurore.

Tous les peuples accourront pour la voir, et ils ne craindront plus le passage terrible du Sirath.

Car, sur ce pont tranchant comme une lame de rasoir, le Christ étendra sa croix et viendra lui-même prendre, par la main, ceux qui chancelleront.

Et à ceux qui seront tombés, l'épouse tendra son voile embaumé et les attirera vers elle.

Et quand la mort se présentera pour passer la dernière, le Christ et Mahomet la prendront et la jetteront dans l'abîme.

Et elle mourra brisée dans sa chute; mais en tombant, du dernier coup de son aiguillon elle tuera l'enfer.

Alors la majesté d'Allah se révèlera comme un cercle immense de lumière autour de la salle du banquet; et cette lumière envahira tous les convives comme un océan de splendeur : et tout sera transfiguré en un soleil de clarté et d'amour.

XL.

LE CANTIQUE.

Alors l'époux ressuscité dira, en se penchant vers la céleste épouse : qu'elle me baise du baiser de sa bouche! Car, ô divine amie, tes mamelles sont meilleures que le vin de mon sacrifice.

Elles sont embaumées des plus doux parfums de l'amour; aussi les âmes adolescentes ont été éprises de toi; car ton nom est plus suave que l'huile répandue.

Entraine-moi vers l'éternel bonheur, nous courrons attirés par l'odeur de tes parfums.

Le Roi des célestes plaisirs m'a fait entrer dans

ses celliers garnis de délices ; nous triompherons et nous nous réjouirons en toi ; et le souvenir de ton sein nous enivrera mieux que le vin le plus exquis. O femme ! ceux qui t'aiment sont les justes, ceux qui te haissent sont les méchans.

Et la femme régénérée, l'éternelle épouse répondra : j'ai été esclave de mes frères ; les enfans de ma mère ont été cruels envers moi ; ils m'ont fait garder leur vigne, et le soleil m'a décolorée ; ils m'ont fait garder leur vigne et je n'ai pas gardé la mienne. Je suis brune, mais je suis belle. Ne me méprisez pas, parce que je suis brune ; le soleil m'a décolorée. Mais, dis-moi, ô toi que mon cœur aime, dis-moi le lieu de ton repos, afin que je me console entre tes bras et que je ne me fatigue plus à suivre les troupeaux des esclaves. Mon roi me prendra sur sa couche, et mes parfums embaumeront son sommeil. Mon bien-aimé est pour moi comme un bouquet de myrrhe, et il restera entre mes deux jumeaux. Mon bien-aimé est un raisin de Chypre dans les vignes d'Eugaddi.

Et l'époux : Tu es belle, mon amie, tu es belle ; tes yeux sont des yeux de colombe.

Tu es beau, mon bien-aimé, tu es beau et majestueux. Notre lit est fleuri, notre toit est de cèdre, et nos lambris sont de cyprès.

Mais pourquoi redire ici les entretiens sacrés de l'époux et de l'épouse ? Salomon, le plus sage des hommes, a achevé ce doux chant d'amour, et les siècles ont conservé ce tableau d'un siècle meilleur. L'amour pur de l'homme et de la femme est ce que le monde peut offrir à Dieu de plus céleste et de plus pur ; c'est l'encens du bonheur qui monte vers l'Éternel ; c'est la joie du monde ; c'est le miroir des embrassemens de Dieu et de la nature, *c'est le cantique des cantiques.*

Prenez le livre de Salomon et lisez, vous qui êtes dignes de comprendre.

Et lorsque vous aurez compris, ne lisez plus, ne cherchez plus, ne souffrez plus ; aimez !

Ne soyez plus sages, ne soyez plus savans, ne soyez plus vertueux ; aimez ! car c'est toute la loi du Seigneur, et Dieu lui-même n'est qu'amour !

FIN.

LAMENTATION.

I.

Vaisseaux, dont tous les vents arrondissent les ailes,
    Et qui croisez toutes les mers,
Pour savoir si le monde a des filles nouvelles
    Dans le berceau des flots amers ;
A l'horizon d'azur, dès que poindra la terre,
    Dès que vous verrez s'approcher
Un promontoire, un cap, une île solitaire,
    Qui sur l'eau semblera marcher,
Retenez votre proue au milieu de l'écume
    Qu'elle mord en la repoussant ;
Laissez des flots émus se calmer l'amertume
    Dans le sillage blanchissant :
Puis, pavoisant de deuil votre altière mâture,
    Criez d'une lugubre voix,
Que Jésus, le grand Dieu, le Dieu de la nature,
    Est mort pour la seconde fois !
Alors vous entendrez monter comme une plainte
    De ces rivages inconnus ;
Les déserts pleureront leur espérance éteinte,
    Et les rochers seront émus ;
Mais quand vous reviendrez au port qui vous envoie,
    N'annoncez pas votre malheur
A vos maîtres, dont l'or est le culte et la joie :
    Ils riraient de votre douleur.

II.

Oui, le Seigneur est mort, puisque l'église ouverte
Vend aux profanateurs une enceinte déserte,

Où l'image du Christ attachée au carcan,
Penche un triste regard sur son culte a l'encan ;
Tandis que de la foi spoliant les ancêtres,
Aux galeres des rois se vendent tous ses prêtres.
Il est mort, car il tombe : et le peuple abattu
Fuit le temple muet et l'autel sans vertu.
Israël affamé ne croit plus aux miracles,
Depuis qu'il est aux fers, livre par ses oracles.
Son desespoir se rue aux autels du veau d'or,
Las d'attendre que Dieu tonne et lui parle encor :
Et nul ne s'est trouve que la terre promise
Pût encore emouvoir du zele de Moïse !
Lâchement irrites nos pontifes sans foi,
N'auront su que briser les tables de la loi ;
Mais s'ils ont rechauffe leur parole empruntee,
Pour fondre a son creuset l'idole convoitee,
C'est que tous ces Judas, en calculant le prix,
Redoraient leur orgueil de ce qu'ils ont ach... é !
Oui, le Seigneur est mort, et presqu'aux grands du monde
Font de son testament une debauche immonde
Et jettent sous la table, en secouant tout ...
A des chiens tonsures les restes du festin !

III.

Il est mort dans vos cœurs, stupides légataires
    D'une sublime autorite !
Mais loin du froid cercueil des temples adultères,
    Il est deja ressuscite !
Lorsque Jerusalem obstinee a sa perte,
    Eut chasse l'homme de douleurs,
Le Christ errant aux bords de votre ame déserte,
    Tomba dans les mains des voleurs.
Vous l'avez depouille de ses doctrines pures,
    Navre de profanations,
Et laisse tout couvert de fange et de blessures
    Sur le chemin des nations.
Le docteur a passe sans voir son agonie,
    Car tout enfle d'un vain savoir,

Il avait mis ses yeux au fond de son génie,
  Pour être fier de n'y rien voir.
Le pontife a passé chargé d'or et de soie,
  Et lorsque dedaigneusement,
Il a vu le mourant ensanglanter la voie,
  Il a rangé son vêtement.
C'est à toi maintenant, pécheur de Samarie,
  C'est à toi de le secourir;
Judas ne connaît plus l'humble fils de Marie;
  Sauve ton Dieu qui va mourir!

IV.

Il est ressuscité loin du cœur des faux prêtres,
Et son visage las du froid baiser des traîtres,
A revélé sa gloire et sa chaste beauté
Au peuple qui d'abord l'avait persécuté.
Car lui-même a cherché ses brebis delaissées,
Où les mauvais pasteurs les avait dispersées.
Il a suivi le cœur de ceux qui l'avaient fui,
Et l'heritier prodigue est revenu vers lui.
Et les Pharisiens dans leur orgueil s'étonnent
De voir que les Croyans partout les abandonnent;
Mais les aigles, fuyant l'infection des morts,
S'assemblent où Jesus fait revivre son corps.
Bientôt Jérusalem, en frappant sur Dieu même,
Une seconde fois brisera l'anathème;
Et souillant son calice aux vins de Balthasar,
Dira : nous n'avons point d'autre roi que César!
Mane! Thécel! Pharès! répondra le prophète,
Que le sang du Sauveur tombe sur votre tête!
Mais en vain votre espoir dans le second trépas,
Trempe aussi vos enfans; car vous n'en aurez pas!
Et vous resterez seuls avec votre parjure,
Comme l'oiseau des nuits au toit d'une masure,
Où vous trouvant un jour, sans haleine et sans voix,
La mort s'étonnera de vous frapper deux fois.

9.

V.

Malheur à vous, docteurs, qui semez le mensonge
  Dans le champ de la vérité,
Et dont la tête aveugle, avec amour se plonge
  Dans la nuit de l'iniquité !
Dans vos froids argumens tenaillant l'évangile,
  Pour qu'il vous cedât son Enfer,
Vos pieds, pour l'ignorance accroupie et docile,
  Etaient des entraves de fer !...
De quel droit voulez-vous que je vous obéisse ?
  Vous n'obeissez pas a Dieu !
Comment m'echaufferai-je a votre sacrifice,
  Dont vous avez eteint le feu ?
Il faut vivre d'abord pour avoir la parole :
  Or, montrez-nous que vous vivez !
Faites parler le cœur et l'ame du symbole !
  Touchez-nous si vous le pouvez !
Quoi, vous vous lamentez de votre solitude !
  Mais, lorsqu'il s'eleve une voix,
Autour de sa parole on voit la multitude
  Se suspendre comme autrefois.
Vous vous levez alors... pour imposer silence
  A ceux qui font votre devoir ;
Car votre lâcheté repait votre esperance
  D'un egoïste desespoir !
Vous enterrez le ciel pour manger sa depouille ;
  Vous gardez la mort de Sion :
Car pour la rebatir, vous tremblez qu'on ne fouille
  Dans votre abomination.
Vous craignez, si le Christ échappe de la tombe,
  Ou vous l'avez laisse dormir,
Que sur vos fronts pourris la pierre ne retombe,
  Pour empêcher Dieu de vomir.

VI.

Docteurs, qu'avez-vous fait de la parole sainte
Et du fruit de salut dont elle etait enceinte ?

Car c'est à vous que Dieu l'a donnée à garder,
Et que notre douleur doit la redemander!
Vous l'avez, à prix d'or, cent fois prostituée;
Elle a voulu se plaindre, et vous l'avez tuée...
Jésus-Christ avait dit : faites regner mes lois;
Et vous avez vendu son évangile aux rois.
Jésus-Christ a remis les clefs du ciel a Pierre,
Et vous dites aux fils des tyrans de la terre :
C'est a vous de régir la croix et l'encensoir;
Car, auprès du Tres-Haut, vous pouvez vous asseoir!
Aprés vous seulement laissez, par gratitude,
Notre pouvoir glaner un peu de servitude;
Et ne redoutez pas un prophète nouveau ;
Car nous etoufferons les males au berceau!
Et le crime s'est fait!... et vous criez l'église,
Et l'église infaillible! Et l'eternelle église!
Oui, l'église est vivante et ne peut se tromper ;
Elle a, devant vos fers, refuse de ramper.
Deja tous ses enfans, que sans vous elle appelle,
Inspirés de sa voix, reviennent sous son aile;
Tous se réuniront pres de leur mère : alors
On fermera la porte et vous serez dehors!

VII.

Prêtres, malheur à vous, à cause du blasphème
    Que vos désordres ont couvé!
Vous avez égaré le celeste anatheme,
    Et vos ennemis l'ont trouvé.
Ils vous en ont couverts comme d'un grand suaire
    Que vous n'avez pu déchirer ;
Car à peine les murs de l'etroit sanctuaire
    Vous permettaient de respirer,
Tant vous l'aviez naguère encombré de richesse;
    Tant vous le resserriez sur vous,
De peur qu'il ne laissât parvenir la sagesse
    Au ciel dont vous étiez jaloux!
Et qu'avez-vous gagne? Jesus-Christ vous renie
    Comme vous l'avez renié,

Et porte loin de vous sa doctrine bannie
 Et son pouvoir calomnié.
Tandis qu'abandonnés a l'esprit de vertige,
 Pour corrompre des sectateurs,
Vous allez a l'enfer emprunter les prestiges
 De ses spectacles seducteurs :
Vous transformez le temple en ignoble théâtre,
 Où les filles d'impureté
Etalent, pour les vendre a la foule idolâtre,
 Leur voix lascive et leur beauté !

VIII.

Entourés jour et nuit de femmes insensées
Qui couronnent l'orgueil sur vos fronts sans pensées,
Endormis sur le joug que vous avez rompu,
Suçant comme un lait pur leur encens corrompu.
Vers la seconde mort vous vous laissez conduire
Par Eve qu'un serpent ne daigne plus séduire ;
Car l'enfer de ce soin se repose sur vous,
Et vous laisse régner au nom du Dieu jaloux.
La langue de la femme a pollue vos ames,
Et croyant vos cœurs purs de tous plaisirs infâmes,
Vous allez bénir Dieu, le soir et le matin,
De n'être pas maudits comme le publicain !
Et vous vous complaisez dans la langueur funeste
Qui vous fait avorter l'adultère et l'inceste !
Moins pervers mille fois si votre chair en feu
Avouait sa révolte en renonçant a Dieu !
Car un franc criminel ne trompe au moins personne,
Il ne profane pas l'autel qu'il abandonne.
Mais quand l'orgueil lascif d'un eunuque abruti,
Calomniant l'amour qu'il n'a jamais senti,
Aux soins amollissans d'un sexe trop servile
Demande une innocence impure et non virile,
Le ciel sent qu'a la fin sa clemence est à bout,
Et l'enfer se detourne et rit avec dégoût.

IX.

Vous n'avez ni parens, ni frères, ni patrie,
　　Parias de l'humanité !
Comme le gui rongeur sur la branche appauvrie,
　　Votre sacerdoce est enté :
Vous avez renié le Christ pour votre père,
　　En le bannissant du saint lieu.
Le pécheur vous évite et n'est plus votre frère,
　　Dès qu'il s'est retourne vers Dieu.
Les pauvres ne sont plus les fils de vos entrailles,
　　Et n'attendent plus votre pain ;
Car, pour taxer plutôt leurs tristes funérailles,
　　Vous les laissez mourir de faim.
Vous aimez l'esclavage, et bouchant vos oreilles
　　Aux clameurs de l'humanité,
Du haut de votre chaire, envieuses corneilles,
　　Vous maudissez la liberté ;
Et vous vous étonnez que chacun vous haïsse !
　　Et vos fronts luisans et poudrés,
Du mepris populaire affrontant le supplice,
　　D'insolence encor sont pares !
Et vous vous consolez d'un pretendu martyre
　　Dans la splendeur de vos repas,
Tandis qu'un monde entier nait, languit, souffre, expire,
　　Loin d'un Dieu qu'il ne connait pas !

X.

Avant de vous frapper de son dernier tonnerre,
Le Christ est descendu pour visiter la terre ;
Il a pris les dehors du pauvre que ses lois
Proclament bienheureux et préferent aux rois ;
Puis il a dit : voyons ces anges de l'eglise
A qui de l'indigent la fortune est commise.
Mais il n'a pu franchir le seuil de leurs palais,
Et partout repoussé par d'insolens valets
Qui nommaient leur seigneur l'invisible pontife,
Il s'est ressouvenu de la cour de Caïphe ;

Il a dit : allons voir mon temple et mes autels,
S'il conservent du moins mes décrets immortels.
Soudain s'offre à ses yeux un profane portique,
Dont eût presque rougi l'idolâtrie antique ;
Là, des comédiens parfumés et parés
Promenaient leur ennui sous des lambris dorés,
Où la musique impure empoisonnant l'oreille ,
Apprenait aux chrétiens leurs danses de laveille.
Le Sauveur hesita devant le mauvais lieu ;
Il croyait se tromper, s'il n'eût pas été Dieu.
Mais un prêtre, invitant une prostituée
A prendre vers l'autel sa place habituée,
Repoussa brusquement le juge des humains
Qui sortit en cachant ses larmes sous ses mains.

XI.

Et les anges de paix ont voilé leur visage
    Devant le deuil de Jehova !
Et l'autel profane, se couvrant d'un nuage,
    A crié : le Seigneur s'en va !
Mais vous n'entendez rien ! votre ame à plein calice
    Boit l'iniquité sans remord ;
Et vos cœurs desséchés par la froide avarice
    Se sont endurcis dans la mort.
La graisse qui se roule autour de vos poitrines,
    Les enferme de toute part,
Et semble, aux coups prochains des vengeances divines,
    Opposer un triple rempart.
Votre esprit s'est noye dans le jus des viandes,
    Pour ne plus songer a l'enfer ;
Et, vous avez rempli les sept bouches gourmandes
    Des convoitises de la chair.
C'est pourquoi le Seigneur va vous surprendre à table ,
    Sans que vous l'ayez invité,
Comme des pourceaux gras qu'on tire de l'étable
    Avec un croc ensanglanté.
Et le vin deviendra du fiel dans votre bouche ;
    Et chancelans d'un lourd sommeil ,

La mort vous étendra sur sa terrible couche
    Qui ne voit jamais le soleil.

XII.

Et Dieu démêlera le bon grain de l'ivraie,
Car vous êtes menteurs, mais la parole est vraie.
Il va vous la reprendre, et, pour nous la donner,
Vous la faire vomir avant de vous damner.
Car vous étiez pour nous les gardiens du symbole,
Et vous enfouissiez l'or pur de la parole ;
Mais le Dieu que la tombe a connu pour vainqueur,
Va la rendre sans tache aux prêtres de son cœur.
Car Dieu, pour se tromper, n'est pas ce que nous sommes,
Et toujours dans le nombre il connaît sept mille hommes
Que son arche a sauvés du déluge du mal,
Et qui n'ont pas courbé le front devant Baal.
Ceux-là sont les pasteurs que les brebis connaissent ;
De leurs saintes leçons les agneaux se repaissent ;
Et l'on ne voit jamais leur troupeau dépérir :
Car pour le conserver ils sont prêts à mourir.
Ceux-là n'ont pas l'œil fier ni la langue mauvaise,
Leur pensée est un or que la vérité pèse,
Et leur douce parole est le dispensateur
Qui distribue à tous le tresor de leur cœur ;
Ils n'appauvrissent pas leur charité fertile
Dans les canaux etroits d'une raison subtile :
Leur raison c'est l'amour, et l'amour les unit ;
Et leurs sentiers sont droits, et le ciel les bénit.

———